中国人民志愿军特等功臣、一级战斗英雄柴云振。

作者王龙（左）采访柴云振，听老人讲述朴达峰阻击战。

自 序

闪亮的勋章，凝聚多少铁血男儿的自豪；军人的荣誉，就在这方寸之间闪耀。古往今来，那些叱咤风云、威震天下的雄师劲旅，无不崇尚英雄和荣誉，展示浩荡雄风，上演了一幕幕威武雄壮的战争活剧。

今年是中国人民志愿军抗美援朝出国作战七十周年。硝烟虽然早已散去，但那场战争创造的荣耀与辉煌，留下的伤痛和记忆，绝不会随着时间的推移而消逝。相反，抗美援朝战争谱写了气壮山河的英雄壮歌，创造了人类战争史上以弱胜强的光辉典范。伟大的抗美援朝精神跨越时空、历久弥新，永远是中国人民的宝贵财富。

这样一组数据足以震撼人心：抗美援朝战争中，中国人民志愿军涌现出杨根思、黄继光、邱少云等三十多万名英雄功臣和近六千个功臣集体……这长长的英雄行列，汇聚成一部波澜壮阔的辉煌史诗，铸就了一部群星璀璨的英雄图谱。每一面战旗都浸染青春热血，每一枚勋章都镌刻不朽传奇，让我们深深地铭记这个民族曾有如此优秀的英雄儿女，铭记这支军队曾经有过如此不屈的精神。

——“谁都不愿死，谁都希望活。然而荣誉却有时推翻了这个规律。荣誉使人勇于和死亡接近。”这是志愿军第一一六师参谋长薛剑强留下的最后日记，他牺牲时年仅二十九岁，是抗美援朝战场上牺牲的十一位志愿军师级以上高级将领中最年轻的一位。

——“冰雪啊！我决不屈服于你，哪怕是冻死，我也要高傲地，耸立在我的阵地上。”这是在一九五〇年长津湖零下三十多摄氏度的严寒里，一位名叫宋阿毛的战士牺牲前写下的遗言。为了坚守阵地阻击敌人，他和整个连队的战友被冻成了冰雕，他们牺牲时全部保持着射击的姿势。

——“男现在为了祖国人民需要站在光荣战斗最前面，为了全祖国家中人等幸福日子，男有决心在战斗中为人民服务，不立功不下战场。”这是在一九五二年的上甘岭，一位战士在炮火硝烟中写下的家书，他是一位来自四川的农家子弟，他的名字叫黄继光。

从高级指挥员到普通一兵，志愿军将士用同样的英勇无畏证明了对祖国的赤胆忠心。无论时空如何遥远，无论相隔万水千山，勋章不会迟到，英雄闪耀星空。他们的名字，国家不会忘记，人民不会忘记，历史不会忘记，将永远铭刻在共和国的丰碑上。

伟大出自平凡，平凡造就伟大。记住他们，就是记住我们自己。因为他们和我们同宗同源、血肉相连，这是属于全体中华儿女的一部英雄史、奋斗史、心灵史。

这，正是我将创作焦点对准柴云振这样一位志愿军老兵的原因。

如果认真梳理柴云振的战斗经历，从一九五一年三月底进入朝鲜战场，到同年六月受伤回国，他参加抗美援朝战争的时间不超过三个月；而他真正在朝鲜战场上与敌人进行殊死搏杀的时间，则只有短短的一天。那么，在志愿军浩如繁星的三十多万名英雄功臣中，我为什么独独对柴云振这样一位普通士兵的经历产生了兴趣？

回答这个问题，要从我与柴云振老人偶然的相识说起。自从二〇一〇年采访柴老后，直到他二〇一八年逝世之前，我一直和他保持着联系，多途径关心着他的近况。除了对这位家乡（我的老家四川射洪与柴云振老人的家乡岳池县相距不过百余公里）走出来的著名战斗英雄深怀敬仰外，更因为我对很多挥之不去的谜题念念不忘：柴云振这样一位肉身凡胎的普通士兵，为何能在被敌人炮火熔化的山头顶天立地、孤身阻敌，创造了令人难以置信的战斗奇迹，完成了作为军人最辉煌的冲锋？而在枪林弹雨的朝鲜战场上，面对气焰嚣张的强大敌人，像柴云振这样英勇顽强、视死如归的志愿军勇士何止千千万万。仅仅我的家乡四川省在抗美援朝中就奉献了一组了不起的数据，创下了数个全国之最：全国两位特级英雄、特等功臣，四川占了一位；四十七位一级战斗英雄中，四川籍的有三位，位居全国第一；全国参军人数四川最多，而全国十九万余名烈士中，四川籍的多达三万零七百八十九人，同样位居全国第一。

而不无巧合的是，柴云振、黄继光、邱少云都是志愿军第十五军走出的英雄，都是四川籍人。正是在老班长柴云振英雄事迹的感召下，邱少云烈火焚身不动摇，黄继光用胸膛堵住敌人的枪口。这三位来自同一支部队的川籍士兵，在朝鲜战场上为四川人争了光，为中国人争了光。

世上没有从天而降的英雄，只有挺身而出的凡人。伟大的抗美援朝战争中，全体中华儿女民族觉醒之深刻，团结奋战之坚定，都达到空前的高度。广大志愿军指战员舍生忘死、血战强敌，前仆后继、保家卫国，谱写了气吞山河的英雄壮歌。在他们身上，凝聚着时代精神的集体记忆，更是中华民族传统美德和家国情怀的集中展示。

记得二〇一七年，我参与撰写庆祝中国人民解放军建军九十周年大型纪录片《从胜利走向胜利》台本。在讨论有关抗美援朝的第五集《为了和平》内容大纲时，我联想到自己采访老英雄柴云振的深刻感受，提出不仅要讲述志愿军的英雄事迹，更要追溯英雄的成长，挖掘英雄何以诞生的深刻原因。后来我们在片中讲述黄继光的事迹时撰写了这样一段解说词：

黄继光牺牲后，他的母亲邓芳芝给志愿军官兵们写了一封信："去年十二月二十六日，我去赶集，知道光儿在朝鲜前线牺牲了。当时我身上像割了一块肉，天下母亲谁不疼她的儿女！""我记起了光儿离家时说的话：'妈妈，这回我志愿到前线去，要保卫我们翻身的胜利果实，保卫祖国和世界的和平。我一定时时记着妈妈的话，多杀美国鬼子！'现在，光儿是做到了他自己说过的话了。他为了多数人过幸福日子，牺牲自己。他有志气。"

该片在中央电视台播出后，很多观众表示，这样讲述英雄黄继光的故事更有温度，更令人信服，有一种接地气、知冷暖的质朴力量。

因此在本书创作过程中，我尽量通过"复调式"叙述，从柴云振当年所在部队的军长、师长、师政委的回忆中，从他的战友、亲人和乡亲的讲述中，甚至从美国、韩国、日本等多国学者对朝鲜战争的对比研究中，全方位、多角度地呈现柴云振和无数志愿军将士在那场战争中的亲身经历和切身感受。

抗美援朝战争中，千千万万英雄的壮举绝非偶然，而自有英雄产生的精神土壤，自有英雄存在的逻辑力量。柴云振就是他们中间一位典型的代表。总结他的一生，可以用一句话形容——“一枚勋章，两个阶段，三种人生”：一枚迟到三十三年的勋章，镌刻下他的荣耀战功；寻找到他的前后两个“三十三年”，标记了他对苦与乐、得与失的人生认知；而在朝鲜战场的浴血奋战、在人民军队的浴火成长、在漫长岁月的坚守历练，则回答了我始终想搞清楚的三个问题：他到底为何能在朝鲜战场创造惊人的奇迹？他这样的英雄究竟是如何产生的？他为何能坚守本色初心，从不退缩止步？

我沿着柴云振从军队到地方、从战争年代到和平岁月的人生之路，不断破译他功勋卓著、深藏不露的精神成因，探寻他艰辛历尽、无怨无悔的心路历程，最终从点点滴滴中真切地感知他因何执着、为何坚守，感知他为党分忧、为国尽责、为民奉献的精神源头。在炮火连天的朝鲜战场上，柴云振创造了荣誉，却并不是为了追求荣誉；他珍惜荣誉，却并不是为了名利。正如和柴云振几十年后重逢时，老军长秦基伟所感叹的：“是啊，那时候我们跨过鸭绿江，就是为了保家卫国，个人生死完全置于脑后，当我们的战士们同敌人进行殊死搏斗的时候，谁会想到以后去要个名要个利要个什么官当呢？世界上最纯洁最美丽的，是战士的情感啊！”

随着对柴云振的采访研究一步步深入，我又惊讶地发现，原来这并非他一个人的故事，而是共和国一代代无名英雄的故事。在我党我军历史上，从不乏柴云振这样埋头苦干、淡泊名利的英雄模范，其中很多都是做隐姓埋名人、干惊天动地事的典型，展现了一种伟大的无我境界。比如本书提到的张富清，深藏功名六十多年；李玉安，深藏功名三十八年；井玉琢，深藏功名三十八年；张国富，深藏功名四十年……如果继续挖掘下去，这样的信仰者、拼搏者、奉献者还有很多。特别是那些英勇献身的志愿军英烈，有许多甚至连名字也没有留下，至今仍静静地长眠在异国的土地上。在他们的身上，最生动地体现了“正其义不谋其利，明其道不计其功”的崇高境界。

正是那一颗颗计利国家、无私忘我的心，坚守为中国人民谋幸福、为中华民族谋复兴的初心使命，映照出一个百年大党不断战胜艰难险阻、不断创造发展奇迹的精神密码，激励着千百万英雄传人不断丰富这壮美画卷。从这个意义上说，这不是柴云振一个人的征途，而是无数志愿军将士构成的英雄长卷。也许我的笔墨难以讲述对这些前辈敬意的万一，那就用网友的一副对联，概括他们英雄无悔的一生吧！

生死皆烈士，烈士尽传奇，敢赴家国生死以；

避趋亦英雄，英雄诚本色，岂图名利避趋之。

目　录

引　子

整整十年了，没想到对柴云振的漫长寻访会延续至今，甚至永远无法结束。

十年来接触过很多采访对象，但不知为何，这位慈祥和蔼的老人给我留下的印象竟如此深刻。他一生如此平淡，却熔铸了那么多的传奇；他身上汇聚了太多谜题，又似乎提供了一切答案。十年前那次采访之后，许多“天问”似的命题便在我脑海中挥之不去——

一位在国民党军队里挨打受骂不堪虐待的伙夫，一次次受尽欺凌后设法逃跑，而在人民军队里，他何以不畏生死冲锋在前，很快成长为顶天立地的战斗英雄？

一位在朝鲜战场上孤身阻敌的志愿军士兵，何以能向死而生血战到底，阻挡了汹涌而至的敌人，创造了青史留名的卓著功勋？

一位曾经激励过黄继光的英雄楷模，何以在大西南山区里隐姓埋名几十载，即便历经坎坷也坚守初心、不改本色？

所有的疑问萦绕心间，所有的答案近在眼前。

二〇一九年九月二十九日上午，庆祝中华人民共和国成立七十周年大会前夕，中华人民共和国国家勋章和国家荣誉称号颁授仪式在北京人民大会堂隆重举行。在八位“共和国勋章”获得者中，九十五岁的张富清年事最高，也最富传奇色彩。如果不是一次退役军人信息采集，他尘封六十三年的赫赫战功可能会一直埋藏下去。颁奖词这样评价他：“为建立新中国浴血奋战，战功卓著；转业后深藏功名六十余年，坚守初心不改本色，扎根贫困山区，为民造福。”

在雄壮激昂的《向祖国致敬》乐曲声中，习近平总书记向老英雄张富清颁授“共和国勋章”，现场响起热烈的掌声。

当张富清老人缓缓举手，向全场致以庄严军礼的那一瞬间，十年前面对柴云振时那种熟悉的感动，突然浸漫过我整个身心，我顿时有一种穿越时空的恍然之感。

从张富清到柴云振，如此经历相同的两位老人，如此惊人相似的人生境界——历史与现实，竟然如此奇妙地交汇了。十年漫漫追寻，我终于发现，这不是一个人的际遇，而是一代人的群像；这不是一个人的传奇，而是镌刻着一支军队的精神标识，记录下一个民族的心路历程。

于是我出发了，踏上了重寻柴云振的精神之路——这不是一个人的抗美援朝战争，而是千千万万志愿军将士构成的英雄图谱。

这次遥远的追寻，就从一枚无法认领的勋章讲起吧！

第一章

消失的英雄

“摊牌”上甘岭

一九五二年十月十四日凌晨三时，随着暴风般的弹雨烧红了整个天际，美国陆军第八集团军司令范弗里特蓄谋已久，来势汹汹的所谓“金化攻势”开始了。

美军集中十六个炮兵营的三百门大炮、四十架飞机和一百二十辆坦克，向上甘岭地区五圣山前沿的597.9高地和537.7高地北山进行规模强大的火力准备。我阵地内，平均每秒钟落炮弹六发，一天之内落弹三十万余发，创造了朝鲜战争中单位面积火力密度的最高纪录。阵地上空硝烟弥漫，尘土飞扬，天昏地暗，日月无光。面对敌人兵分六路的猛烈进攻，志愿军第十五军四十五师一三五团死守这两个高地，进行顽强抗击。

美国电台当天就向全世界报道了这次非同寻常的攻势，“今黎明前后，联军在大炮、战车及战斗轰炸机的掩护下，向中线中共军三角形山阵地攻击，另一路向三角形山以东一个阵地攻击。据最后报道，已占领敌军一个阵地，战斗仍在激烈进行中。这是继一九五一年十一月美二师夺取伤心岭以后最大一次战斗”。

谁也没料到，上甘岭这个只有十几户人家的小村庄，由此爆发了一场震撼世界的大战役，这个村庄也因此被载入史册。后来十五军军长秦基伟评价道：“上甘岭战役是一场特殊的战役，它既是敌我双方军力的较量，又是两种世界观、两种价值观、两种思想体系的较量。”

上甘岭战役的爆发，有其必然而深刻的背景。

一九五二年秋季，美国即将举行大选，联合国大会第七届会议即将在纽约召开。在此情况下，美国统治集团急需在朝鲜战场打一个“胜仗”，以配合国内大选，捞取政治资本，缓和国内外矛盾；同时，趁第七届联合国大会即将在纽约召开之际，向仆从国要人、要钱，并在朝鲜停战谈判桌上争取更多主动。

十月十四日，联合国大会开幕的当天，范弗里特正式“摊牌”，在强大的炮火支援下，向五圣山的前沿阵地发动全面猛攻。范弗里特对“摊牌”计划相当乐观——假如一切按计划行事，只要付出两百人的伤亡代价，在五天时间内就可以圆满完成这一使命。

这场前所未有的硬仗，让志愿军第十五军上上下下都感受到了恶战来临的气息。秦基伟在回忆录中写道：“上甘岭战斗打响后，军指挥所的气氛也十分紧张。一九五二年十月十四日这一天，是我一生中又一个焦虑如焚的日子。敌人突然发动攻击，规模之大，火力之猛，手法之狠，都是空前的。”

上甘岭战斗一打响，彭德怀司令员就极为关注。早在一九五二年四月，彭德怀就对接防五圣山一线阵地的十五军军长秦基伟说：“五圣山是朝鲜中线的门户，失掉它我们将后退两百公里无险可守。你要记住，谁丢了五圣山，谁就要对朝鲜的历史负责。”

战役刚刚开始时，朝鲜其他战场上还有一些战斗，等上甘岭战役进入高潮后，其他战场的枪声都稀落下来了，全世界的目光都被吸引到了这片面积仅3.7平方公里的土地上。它由一场高地之争最终发展成为规模巨大的战役，敌我双方参战总兵力达十万人以上。

从十四日至二十日，敌我双方进行了七昼夜的争夺，战斗空前激烈。在此期间，敌人共投入七个团、十七个营的兵力，我军共投入三个团、二十一个连的兵力，进行了夜以继日的拉锯式争夺。我军以伤亡三千两百余人的代价，歼敌七千余人。第四十五师参战连队大部伤亡过半，有的连队只剩下几个人。师长崔建功手里，已经凑不出一个整建制的营。

这是一场怎样残酷的战争，已经无须再用语言形容。战斗最激烈时，崔建功师长在师指挥所里如同热油烧心。他七天七夜没离开作战室，出了坑道刚放松一下，差点儿晕过去，上厕所都需要人搀扶。作战科长宋新安，在向军里报告伤亡情况时，失声痛哭。

秦基伟军长对崔建功说："告诉机关的同志，十五军的人流血不流泪。谁也不许哭！养兵千日，用兵一时，伤亡再大，也要打下去。为了全局，十五军打光了也在所不惜。国内像十五军这样的部队多的是，可上甘岭只有一个。"

崔建功沙哑着嗓子说："一号，请您放心，打剩一个连，我去当连长，打剩一个班，我去当班长。只要我崔建功在，上甘岭还是中国人民志愿军的！"

历史，就将这样一副宛如泰山的重担，压在了志愿军第十五军全体将士的肩膀上。

黄继光的楷模

纵观世界军事史，中国共产党领导的人民军队自诞生以来，就彰显了一种神奇的力量：越是在重兵压境的战场上，越是面对气焰嚣张的强大敌人，这支军队越能迸发出不可思议的潜能，越能形成压倒一切敌人而决不向敌人屈服的伟大气概。

这是一场军事上的大仗，也是一场政治上的决战；这是一场血与火的较量，更是一场灵与肉的搏杀。面对殊死一搏的凶悍敌人，十五军官兵展现了钢铁般坚强的意志。他们之所以“骤然临之而不惊”，是因为早已做好充分的思想准备。尽管这场大仗的时间和方向一直没有确定，但上级对全军部队的深入动员早已开始，我军政治工作的“生命线”在关键时刻彰显了强大的生命力。

早在一九五二年九月七日，十五军党委就向部队发出了《为粉碎敌人“秋季攻势”对全体指战员的紧急号召》，明确指出了敌人要大举进攻的事实，号召人人下定“一人舍命、万夫难挡”的决心，顽强坚守，寸土必争，为坚守阵地战斗到底。

根据军党委“紧急号召”精神，军、师、团领导和机关干部深入连队进行动员，“学英雄、当英雄，开展立功杀敌运动”在前线蓬勃开展。一次次血脉偾张的战斗仪式，传递必胜意志；一声声穿云裂石的决心誓言，鼓舞决战豪情。为祖国人民立大功，“立国际功”，成为全军上下的共同目标。

时任志愿军第十五军四十五师政委聂济峰后来在《上甘岭：攻不破的东方壁垒》一书中，生动描述了这场声势浩大的战地动员：当时，“全军为胜利，胜利为全军”成为一句最响亮的口号，前线阵地形成了“一人为整体，整体为一人”的局面，“英雄阵地英雄守”的精神极大地激发了广大官兵的血性胆魄，鼓舞着战士们迎接一场即将到来的大战。

正是在大无畏的革命英雄主义鼓舞下，十五军涌现出许多奋勇争先、顶天立地的英雄模范人物，为浴血奋战的志愿军将士们树立起光辉榜样。其中，柴云振就是一个令官兵们耳熟能详的名字。在每一条坑道工事，在每一个前沿阵地，都传颂着他“一人舍命、万夫难挡”的英雄事迹。柴云振和许多英雄的名字一起，激励着十五军官兵视死如归、英勇奋战，陪伴他们度过艰苦难忘的日日夜夜。有的战士把自己的阵地命名为“和平大门”，说“五圣山的道路通北京”，表达誓与阵地共存亡的坚定决心；惨烈空前的战斗进行到最后，美军倾泻的炮弹把上甘岭山头削低了两米，也没能让他们后退一步。官兵们从前线传来的回答始终只有一个：“请各级首长和毛主席放心，请全国人民放心，十五军只要还有一个人，上甘岭的战斗就要打下去。”

没有一个伟大的民族不是敬仰英雄的民族，也没有一支伟大的军队不是崇尚荣誉的军队。那么，这位柴云振究竟何许人也，能够成为大战来临时十五军官兵集体学习的榜样之一?

原来，柴云振是志愿军第十五军四十五师一三四团三营八连七班班长。一九五一年六月四日，在抗美援朝第五次战役转移阶段作战的朴达峰战斗中，在我军防御阵地即将被敌人突破的关键时刻，柴云振带领全班仅有的三名战士进行反击，一举夺回主峰阵地，又乘敌立足未稳之机，冲入敌阵连续夺回三个山头，歼敌二百多人，击毙敌人的营指挥官，对巩固全营阵地起了关键作用。一九五二年五月一日，中国人民志愿军政治部给柴云振记特等功，并授予他一级战斗英雄称号。柴云振因此成为四十五师在一九五二年记功等级最高、第一个被授予英雄称号的人，极大地鼓舞了全师指战员的士气。

柴云振全力阻敌的英勇事迹，通过十五军政治部的《战场报》以及四十五师的《战报》报道，在全军上下广为传颂。这位赫赫有名的战斗英雄，成为官兵们心中的英雄榜样。

在群情振奋的前沿阵地上，有一位年轻的战士满怀激情地写下最后一封家书：男现在为了祖国人民需要站在光荣战斗最前面，为了全祖国家中人等幸福日子，男有决心在战斗中为人民服务，不立功不下战场。

他，就是年仅二十一岁的战士黄继光。

黄继光所在的部队，正是柴云振所在的志愿军第十五军四十五师。此时，在该师一三五团二营营部任通信员的黄继光，早就对这位大名鼎鼎的老班长耳熟能详。柴云振的战斗事迹被十五军文工团编成快板、说唱等文艺节目，在前线部队中反复传唱。作为同样来自四川的老乡，他把这位老班长视为自己的楷模。虽然入伍才一年多，但在朝鲜前线老战士们的言传身教下，黄继光已经迅速成长起来，他等待着冲锋号吹响，等待着为党和人民建功立业的那一天。

一九五二年十月二十日凌晨，在夺取上甘岭西侧597.9高地0号阵地的战斗中，黄继光奉命出击，被营参谋长张广生任命为六连六班班长，带领三名战士执行爆破任务。他冒着枪林弹雨，拖着受重伤的身躯，不顾一切爬到了敌人的枪口旁。在一名战士牺牲、另一名战士身负重伤的情况下，已经身中数弹的黄继光突然像暴风雨中的巨人一样，顽强地站立起来，完成了那惊天动地的一扑，用血肉之躯挡住了每分钟两百发的机枪子弹……

这位年轻的士兵用惊天一跃，完成了他人生最后一次冲锋，也让全世界记住了他的名字。黄继光的英雄壮举铸就的伟大精神，从此犹如鲜活的血液，在人民军队的红色基因里流淌不息。

在中国，翻开一部抗美援朝英雄谱，家喻户晓的名字是黄继光、邱少云。但很少有人知道，柴云振不但和这些英雄同属一支部队，而且是他们英勇奋战的精神路标。“向柴云振学习，为柴云振报仇！”作为那场战役中最响亮的口号，到底传递给黄继光多么巨大的精神力量？从最后写给上级的决心书中，可以看出黄继光受到的激励：“坚决完成上级交给的一切任务，争取立功当英雄，争取入党。”

四川人，平时给人的印象总是安逸闲适。而每当到了家国有难的关键时刻，四川人挺身而出的英雄血性，总是让人刮目相看。在气壮山河的抗美援朝战争中，充满血性胆气的四川人，再次奉献了一组震撼人心的数据，创下了数个全国之最：全国两位特级英雄、特等功臣，四川占了一位；四十七位一级战斗英雄中，四川籍的有三位，位居全国第一；全国参军人数四川最多，而全国十九万余名烈士中，四川籍的多达三万零七百八十九人，同样位居全国第一。

在柴云振英勇奋战精神的鼓舞下，邱少云烈火烧身不动摇，黄继光用胸膛堵住敌人的枪眼，柴云振所在的八连被授予“特功八连”的光荣称号。柴云振、黄继光、邱少云，这三位来自同一支部队的川籍士兵，在朝鲜战场构成了一条清晰的血脉传承轨迹，为中国军人赢得胜利荣光。

然而，抗美援朝战争结束后，黄继光的事迹如三千里江山的金达莱花，灿烂夺目，举世闻名；而战斗英雄柴云振，却如同皑皑白雪融进小溪，从此流向无人知晓的去处。这位曾经激励过黄继光的战斗英雄，如同人间蒸发一般失去了下落。战友们在志愿军伤兵医院里寻找，没有他的消息；在烈士陵园里寻找，没有他的坟茔；在志愿军凯旋的队伍里寻找，也没有他的身影……

春去秋来，斗转星移，十年，二十年，三十年过去了，柴云振在人们的记忆里伟岸如一座高山，又缥缈似一片浮云。人海茫茫，何处才有他的踪迹？只有那枚闪闪发光的英雄勋章，静静陈列在老部队的荣誉室里，等待着主人的认领。

壮士十年归

一九五一年六月的一天，身负重伤的柴云振在汽车的颠簸中艰难地苏醒过来。他缓缓睁开眼睛，一幅壮美的画面映入眼帘：纯净的蓝天下，是一望无际的草原，成群结队的马儿尽情飞奔，放牧人挥动长鞭吟唱着悠远的歌谣。

他吃力地询问道：“这……这是啥地方？”

昼夜守护的医护人员顿时惊喜万分：“同志，您终于醒了，这里是祖国啊！我们是要去包头的医院。”

“祖国”，这个亲切的字眼，顿时让柴云振流下滚滚热泪。这是他受伤后的第十天，正从朝鲜前线紧急转运往国内的绥远（今属内蒙古自治区）军区后方医院。

十天前，柴云振被抬下前线时，全身血肉模糊，头部负伤达二十四处之多。在十五军后勤野战医院，医护人员全力以赴创造了生命的奇迹，把他从死亡线上抢救回来。他全身上下裹满了绷带，只露出鼻孔和嘴巴。各级首长纷纷赶来医院看望，指示要不惜一切代价抢救这位了不起的英雄。而柴云振对这一切毫不知情，他一直处于深度昏迷之中，全靠卫生员一勺一勺灌豆浆以及帮他打吊针维持着生命。

由于伤势严重，直到在医院治疗半年后，柴云振的头才能艰难抬起来。在医护人员的精心护理下，他的伤势一天天好转，只是时常感到头晕目眩，他心急如焚地等待着康复归队的那一天。

伤势刚有好转，柴云振马上请人代笔给十五军驻邢台留守处写信，提出伤愈后立即归队参战的请求。可是由于连续转了好几次医院，一时难以联系上部队，柴云振连写了两封信都没有回音。而部队经过连番查找也未得知他的下落，误以为他在炮火连天的转运回国途中牺牲了，便把他的名字写入了十五军“烈士登记簿”中。

正当柴云振为联系不上部队感到纳闷之际，医生忍不住透露了一个信息：由于头部砸伤造成了严重脑震荡，今后可能要留下后遗症，柴云振不可能再做激烈活动了。更何况，他的右手食指已被咬断，也不可能再打枪了。医生的言下之意，他已没有归队参战的可能，伤好后只能复员回到地方去。

这个消息犹如晴天霹雳，让柴云振一下失了神。从渡江战役到西南剿匪，从光荣入党到请缨入朝，他在这支军队里脱胎换骨，浴火成长，他的血管里流淌着人民军队的血，也涌动着对这支军队的情。可如今脚下的路才刚刚开始，怎么就要脱下军装了？

在柴云振的人生中，这是一次真正沉重的打击。他一连几天茶饭不思，泪水不知不觉浸湿了裹着的纱布。医生和护士们轮番前来劝慰，他一句也没听进去，一种前所未有的绝望和失落撞击着他的心扉。

医院政委反复开导他说：“朝鲜前线战事正酣，后方也是更大的战场。你们在朝鲜战场浴血奋战，不就是为了让咱中国人安心建设自己的国家吗？当前国家处在经济复苏的起步时期，多少前线回来的军人响应党的号召，脱下军装投身地方建设，不也成了新战线的模范吗？”是啊，百废待兴的祖国到处都等待发展，哪里不需要建设人才？那么多枪林弹雨、生死险关都闯过来了，难道还迈不过这道坎？柴云振心里重新燃起了热情和希望。

伤还没有痊愈，他就下了病床，对医生护士说：“从今天起，我要工作。”

从此，病房里多了个义务护理员、勤杂工。扫地、打水，柴云振跟护士抢着干；给重伤员端屎端尿，他不叫自到。他除了帮着护士给伤病员喂饭、喂药、擦澡，还主动帮助安抚疏解一些伤员不稳定的情绪。而对这个勤快朴实的老兵，人们除了交口称赞，对他的情况却知之甚少，只隐约听说他的头被敌人砸伤了，他的右手食指是被美国鬼子咬断的……

一九五一年底，因为在医院表现良好，柴云振被评为模范休养员。

一九五二年四月，柴云振以一名普通战士的身份复员回乡了。后来他坦陈当时的心境：“我那时候想的是，我人已经残疾了，回部队只能给国家增加负担。那时候朝鲜还在打仗，国家的经济好困难嘍。和那么多牺牲在朝鲜的战友比起来，我已经是运气最好的了，还有啥子想不通的呢？那就算了嘛，当兵就是为了打仗，打完仗没死就回家。”

但是国家给的好处，他却记得非常清楚。那年四月，柴云振领了三等乙级残疾军人证，就从医院直接办了复员手续。那时候上级给他发了八十元补助费，还有可以在老家领一千斤大米的票据。他笑着说：“当时国家那么困难，能发恁多东西，我很知足了。”

将军百战死，壮士十年归。从离开家踏上战场，他九死一生，踏遍天涯，终于活着回到故乡。

柴云振永远记得回到四川岳池老家的那个下午。他背着背包，穿着褪色的军装，走到村口，老远就看见老娘背着一大堆柴草，艰难挪动在弯弯的山路上。沉重的背篓压得她步履艰难，一头白发如风中飘荡的衰草。

他激动地大喊了一声："妈，我回来了！"老娘简直不敢相信她自己的眼睛，一把扔掉柴草，拉住他摸索了半天，突然间放声大哭："娃儿哇，你硬是还活起的吗？！"

母子俩一番抱头痛哭。柴云振背起母亲的柴草走向山村，从此走向他的另一种人生——标志是一把锄头，以及一个大西南山区的农民身份。

他不可能知道，一场关于他的漫长寻找就此拉开帷幕，持续了整整三十三个春秋。从党和国家领导人邓小平，到他当年的十五军军长，以及下面的师长、团长各级领导，无不关注他的去向，不断追寻他的下落。

他不可能知道，他的英勇事迹在朝鲜广为传颂，甚至被编入了朝鲜课本，并被翻译成十多种文字在全世界传播。朝鲜画家还根据柴云振战友的描述，画了一张他的"遗像"，悬挂在纪念馆供人们瞻仰缅怀。

他更不可能知道，那些年乡亲们津津有味看过无数遍的电影《上甘岭》，片中那个气壮山河的志愿军某部八连，原型正是他自己所在的一三四团八连。在他的英雄精神感召下，十五军仅在上甘岭战役中被授予英雄称号的就有三十二人，荣立特等功的有四十七人、一等功的有一百零七人、二等功的有七百余人……

第二章

漫长的寻找

一支部队的内疚

当柴云振在川东北的崇山峻岭里日出而作、日落而息时，他不会想到，一场关于他的艰难寻找持续时间之长、涉及范围之广、牵动人员之多，恐怕在中国寻人史上也属罕见。

寻找柴云振的一个重要理由或者说动力，说来很少有人相信，那就是——内疚。是的，是一群战友的内疚，是一支部队的内疚，后来甚至上升到一个国家——哦不，是两个国家的内疚。

首先感到内疚的是团长段成秀。一九五一年六月朴达峰阻击战结束后，陷入昏迷的柴云振被抬下阵地，转运到国内后方医院治疗，谁知道从此竟与部队失去了一切联系。一位舍生忘死立下赫赫殊勋的战士，一位名扬中朝两国的志愿军英雄，就这样悄无声息地消失了。可以想象段成秀该是怎样一种心情，他该如何向浴血奋战的全团官兵交代?

一九五一年七月，第五次战役刚刚结束，十五军在为柴云振报功时，才发现英雄下落不明，立即下令开始寻找。一九五一年国庆节前夕，同样在朴达峰阻击战中立了一等功、获二级战斗英雄称号的第四十五师一三四团苗族战士刘兴文，被推选为志愿军国庆节归国观礼代表。出发前，段成秀团长再三叮嘱他，要他趁回国之机千方百计查访战友柴云振的下落。然而，这一次依然无功而返。

第二位感到对不住柴云振的，是师长崔建功。早在一九五三年，四十五师政委聂济峰就在国内寻找过柴云振，但没有找到。崔师长的这份内疚日积月累，有增无减。柴云振是师部警卫连的老兵，崔建功对他非常熟悉。多么好的战士呀，他一贯作战勇敢，表现优秀，一九五一年六月四日，柴云振才由师警卫连临时补充到一三四团三营八连，任七班班长。那一天的战斗，柴云振是在最危险的时刻、最关键的地方发挥了最重要的作用，要不然部队得付出多大的代价啊！可这么英勇顽强的一位战士，却没能得到他应有的荣誉，崔建功心中的这块石头，一压就是几十年。

第三位惦念着柴云振的，是军长秦基伟。这位普通士兵的名字，几十年后依然清晰地出现在将军的回忆录中。他用了整整两页的篇幅，记述了柴云振的感人事迹。要知道，将军百战余生，经历过多少硬仗恶仗，见识过多少英雄好汉，那些跟随将军打了半辈子仗的老部下，都没有得到过这份殊荣。老军长对自己的这名战士，不仅充满了赞赏之情，同样也存有一份挥之不去的内疚。

他无数次动情地对部下说，我们这支部队是一支英雄的部队，出了不少英雄、功臣。仅在抗美援朝战争中就涌现了三十七位英雄模范，其中黄继光、邱少云家喻户晓，代代颂扬。这些英雄，有的牺牲了，有的还活着，他们享受了党、国家和人民给予的待遇。唯有柴云振同志一直找不到下落，党和人民给予英雄的荣誉，我们没能亲自交到英雄的手里，实在有愧于人民，有愧于英雄本人！

后来，秦基伟将军已经出任国防部长了，还对这位失联多年的战士念念不忘。当听说老部队开始重新寻找柴云振时，他激动得连连说：“寻战友好，寻柴云振好，柴云振也是我的战友。我很想念他，想念当年战斗中活着的和牺牲的每一个战友。”

而最富传奇色彩的一份牵挂，则来自中朝两国的最高领导人。

这个流传甚广的说法是，二十世纪八十年代初，金日成主席访问中国，由邓小平、秦基伟等中央军委领导人陪同。在成都访问时，金日成主席与邓小平谈到了志愿军英雄人物，对黄继光、邱少云、赖永泽、柴云振四人印象特别深刻。金日成说：“除黄继光、邱少云两位牺牲的英雄外，赖永泽已经找到，而柴云振却下落不明。不知柴云振在哪里，我至今还惦记着他呀！”

听到这里，邓小平对金日成说：“只要柴云振还活着，还在中国领土上，我们就一定能找到他。”邓小平随即转身问秦基伟，知不知道柴云振的情况。秦基伟汇报说，柴云振是立了大功的英雄，这些年部队先后派人到山西、河北、安徽等十几个省寻找他，但苦于缺少线索，一直没找到。

邓小平听了，当即指示说：“尽快派人寻找柴云振。只要柴云振还活在这个世界上，哪怕是大海里捞针，我们也要把他捞出来！”于是，十五军再次组织对英雄的寻找，军首长把这个任务正式下达给了军史编写组。

这个说法还有很多版本，大意都是二十世纪八十年代初期，在引起中朝两国最高领导人的关注之后，寻找柴云振一事被重新提上日程。我没有查到这一说法的确切出处，但在柴云振口述、金青禾撰写的《独撒阳光耀晚霞——邓小平指示要找到战斗英雄柴云振》一文中，可知这件事情是有一定根据的。据柴云振本人回忆，一九八二年，邓小平同志题写“特等功臣黄继光”时，听说柴云振曾对黄继光起过激励作用，但还不知其下落，指示说，这样的英雄要找到。当时，这支部队已经改编为空降兵第十五军，当年的老首长们下定决心，不找到柴云振的下落决不罢休。

无论有多少种说法，十五军上上下下对柴云振的这份内疚是真实的，寻找英雄的愿望也是迫切的。几十年了，为老部队立下光荣功勋的英雄战士，连一张喜报也没有收到，连应得的勋章也无法认领，这无论如何也说不过去。

而直接促成寻找柴云振的契机，是一九八三年十月，解放军总政治部指示各部队编写英烈传记，柴云振位列其中。这可是件大事，也是件难事。柴云振能够荣登全军的英雄榜，是十五军官兵的骄傲。可是有关柴云振的情况，除了知道他的战斗事迹、一九四九年入党、曾立过两次战功外，他的照片一张也没有留下。这么多年来柴云振一直生死不明，如果他还活着，却把人家当烈士立传，岂不是要闹笑话吗?

岁月不居，时节如流。这一次不能再等了，对英雄的亏欠必须弥补了！无论柴云振是否还活在世上，都必须把情况搞清楚。十五军首长下定决心，开足马力，一定要找到柴云振！

寻战友，踏征程

然而，大地苍苍，人海茫茫，在那个网络尚不健全、信息还不发达的年代，要寻找一个连家庭地址也不知道的人，谈何容易。寻找柴云振的工作刚刚重启，就似乎比登天还难。

早在一九五四年，志愿军给有功人员补发喜报，就因不知柴云振的籍贯地址而无法寄达。根据一份当时保留下来的花名册，组织上给他所在县的政府发了调查函，回函却说该县查无此人。后来才搞清楚，由于工作人员的粗心大意，那份花名册籍贯栏里只填了县名，没有填省名，而且“岳池县”还被写成了“乐池县”。

后来，柴云振所在的部队经过几次整编，驻地从河南迁到湖北，原先一些老同志调走的调走、退役的退役，所留不多的信息也流失了，寻找英雄的事也就搁置下来了。

一九七八年十二月，党的十一届三中全会以后，人民解放军的建设进入一个新的历史时期，优良传统和作风得到恢复，各项工作逐渐步入正轨，这才为重寻柴云振提供了有力保障。

空降兵第十五军政治部空军史编写组（以下简称“军史组”）受领任务后，下定决心，任凭千难万难，也要坚决完成这件耽搁了几十年的工作。军史编写人员的长项就是顺藤摸瓜、淘沙沥金，他们试图沿着十五军当年行军作战的路线寻找英雄。

他们抓住柴云振于一九四九年入党这条唯一的线索，进行了深入分析。当时这支部队的兵源有两条渠道：一是从老解放区主动报名参军的，二是在战场上解放过来自愿入伍的。一九四九年入党，说明柴云振在这以前就参加了革命，那寻访重心应该放在解放战争期间。

在人民军队的序列中，十五军是一支虽然年轻但进步很快的部队。它诞生在太行山区，从一九四七年成立九纵起，先后挺进豫西，解放郑州，饮马长江，挥戈华南，中央一声令下后又开赴朝鲜战场。

军史组决定以十五军的诞生地太行山区为出发点，一路沿着十五军在解放战争时期留下的足迹，向沿途二十多个省发了函调信，又给一九四九年以后柴云振所在部队的同志写信。八个月内发出信函多达四十余封，但一封封回信都大同小异，不是说本省查无此人，就是说对柴云振的情况不太清楚。

眼看函调是不行了，到了一九八四年六月，十五军首长决心派人实地走访。寻访组一连走了湖北、河南、河北、山西四个省。他们每到一地就拜访本军的转业干部、革命功臣、战斗英雄，辨识了烈士陵园里的每一块墓碑，查阅了每一本烈士英名录和复转军人花名册，都没有找到柴云振这个人。

几番奔波之后，寻访工作陷入僵局，军史组的同志一时感到很茫然。

幸运的是，军史组组长李天恩就是一位参加过抗美援朝的老兵，当时是志愿军十五军《战场报》的记者。更凑巧的是，李天恩当年就采写过关于柴云振的报道。

寻访组的同志欣喜万分，立即向他请教："您不是亲自采访过柴云振吗？当年还采访过哪些人？也许这些人能够给我们提供一些线索呢！"

谁知李天恩说："我也没有见到过柴云振本人。我当时想采访他，但他已作为伤员被转运回国了。那篇报道是找他的战友们采访完成的。"

不过李天恩认真回忆了一会儿，若有所思："好像有一个叫孙洪发的战士，我当时采访过他。他和柴云振一起参加过朴达峰阻击战，是山西运城人。可他很多年前就转业了，现在在什么单位就不知道了。"

有个同志突然灵机一动："这还不好办？只要我们在山西运城找十五军转业的战友帮忙，发动大家群策群力，肯定能找到孙洪发。"

果然，这种"击鼓传花"的方法，很快就有了效果。部队不久后就收到一封抗美援朝时期柴云振所在八连的文书付光楚的来信，称孙洪发转业在山西省阳泉市，并把他的工作单位、地址写得清清楚楚。

于是，寻找柴云振的接力棒，交到了另一位关键人物手中，他就是后来任空降兵第十五军政治部群联处处长的温铁汉。这位执着的军人，也因此和柴云振结下半生缘分。从文化干事到群联处处长，他参与了寻找柴云振的全部过程，直到转业地方后还与人合作写下《寻找英雄》一书，记述了寻找柴云振的难忘经历。

一九八四年，温铁汉受领任务后，立即启程直奔山西阳泉，很顺利地找到了孙洪发。

真是苍天不负苦心人，几十年来总算第一次找对了人。

原来孙洪发在志愿军第四十五师警卫连时，正是柴云振班里的战士。朴达峰阻击战时，两人在同一天补充到八连。柴云振任七班班长，孙洪发任四班副班长。孙洪发曾任一三四团副政委，后来转业到地方。这么多年过去了，一听说是寻找柴云振，他眼前顿时一亮，显得异常兴奋：“他哟，瘦瘦高个儿，长条脸，说话爱挥手，上身常晃荡……”

看得出，孙洪发对这位老战友的感情非同一般。几十年岁月沧桑，当年的小伙子孙洪发已鬓发染霜，但一提起生死与共的战友柴云振，提起朴达峰阻击战的日日夜夜，一切仿佛就在他的眼前……

那天，三营营长武尚志见柴云振一鼓作气攻占了朴达峰主阵地，命令八连三排乘胜投入战斗，增援柴云振。第二天，孙洪发和战友们一举冲上高地时，发现柴云振已经倒在阵地上昏死过去。他浑身上下都是泥，仿佛变成一个泥人，头部糊满了带血的泥浆，血肉模糊。要不是孙洪发和他相处较久，熟悉他的身形面容，否则根本认不出眼前这个可怕的“血人”就是柴云振。

孙洪发当过卫生员，赶紧把柴云振抱放在膝上，发现他浑身伤痕累累，被敌人咬断的手指鲜血长淌，头部被石头砸得皮开肉绽，骨头都露了出来，惨不忍睹。他摸摸柴云振的胸口，好像心脏还在跳动，赶紧背起他往山下转移。

孙洪发清楚地记得，那天刚刚下过雨，山上泥泞不堪，救人心切的他既怕摔着背上的柴云振，又怕耽误了抢救时间。一路跌跌撞撞赶到团救护所时，他累得一屁股瘫倒在地上。

经过团救护所的清创包扎，柴云振被转送到师野战医院。由于伤势太重，必须尽快转送回国救治。就在这个过程中，不知怎么回事，柴云振所在部队的众多伤病员中，只有他一个人被错编到其他部队，送至内蒙古包头的医院。

听完孙洪发的讲述，温铁汉迫不及待地问："那柴云振是哪儿的人呢？"

没想到孙洪发两手一摊，无奈地说："这个我就不知道了。那时战斗一天到晚激烈得让人喘不过气来，哪有心思谈自己的家乡？"

温铁汉不甘心，试探着问："那你听柴云振的口音像是哪个省的人？"

孙洪发沉思了一阵，回答道："好像是四川人……我记得他老是把'玉米'说成'苞谷'，打仗一急他就喊'龟儿子''格老子'啥的……"

温铁汉立即打电话把这一情况汇报给了组长李天恩。李天恩高兴地说："这一趟没有白跑。至少我们知道柴云振可能是四川人。"

温铁汉随后日夜兼程赶到成都。四川省民政厅的同志听说他的来意后，十分支持，立即派人协助查找历史档案，终于在二十世纪五十年代初一份泛黄的花名册上找到了一点线索。可上面只记载了一个叫"柴云正"的名字，标明是三等乙级残废，其他信息均为空白。

此"柴云正"是否为彼"柴云振"呢？于是，省民政厅向各地、市、县发出协查优抚对象"柴云正"的通知。

很快，各地民政部门的伤残军人优抚情况汇总上报到省里，可都没有查到叫"柴云正"的人。

正当温铁汉有点泄气的时候，李天恩在电话中鼓励他说："这个'柴云正'很可能就是我们要找的柴云振，因为他们相似的地方太多了。那个时代的人文化程度普遍不高，把名字写错也是常有的事。"

消息传回军部，军首长指示：开动所有的宣传机器，在云、贵、川各大报纸上刊登寻人启事，一定要尽快找到柴云振的下落。于是，在历经周折后，一九八四年九月，《四川日报》第四版的左下角，连续刊出了一则特别的寻人启事。

寻战斗英雄柴云振

柴云振原系我部八连七班长，在一九五一年抗美援朝第五次战役扑（朴）达峰阻击战中英勇杀敌，荣立特等功，并授予英雄称号，因负重伤，回国住院，与部队失掉联系。本人见此启事或知其下落者，请速与湖北省孝感市39155部队政治部联系。

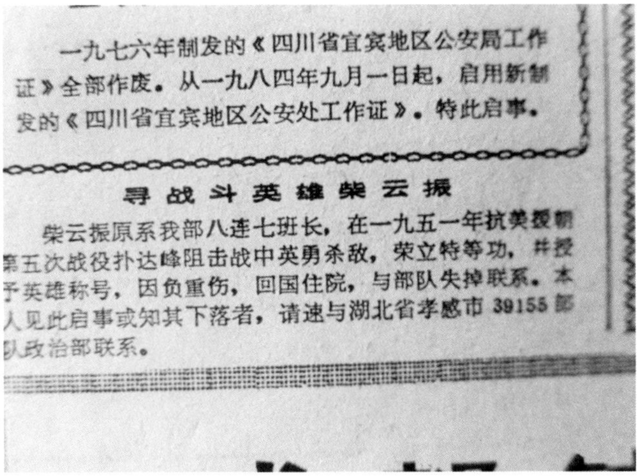
一九七六年制发的《四川省宜宾地区公安局工作证》全部作废。从一九八四年九月一日起，启用新制发的《四川省宜宾地区公安处工作证》。特此启事。

寻战斗英雄柴云振

柴云振原系我部八连七班长，在一九五一年抗美援朝第五次战役扑达峰阻击战中英勇杀敌，荣立特等功，并授予英雄称号，因负重伤，回国住院，与部队失掉联系。本人见此启事或知其下落者，请速与湖北省孝感市 39155 部队政治部联系。

一九八四年九月，《四川日报》刊登的寻人启事。

报纸上的启事发出后，温铁汉在成都等了半个月，没有得到任何消息，只好无奈地返回了部队。又过去了十多天，仍然没有半点信息，军史组同志们的心，这下又开始凉起来。

这一次寻找，看来又是竹篮打水—— 一场空了。

卖掉肥猪找部队

一九八四年九月的一天，四川岳池县大佛乡农技站拖拉机手柴兵荣，在县加油站看到了《四川日报》的一则启事。

柴兵荣至今仍然清楚记得，这则《寻战斗英雄柴云振》的启事，全文只有短短的百来个字，但每读一个字他的心都“扑通扑通”地跳得厉害。妈呀，这难不成找的是我老汉（四川方言，意思是“爸爸”）？

他是柴云振的长子，父亲曾当过兵打过仗，退伍证上也有担任过班长的记录，而且右手食指也是残疾的。虽然父亲从来没有给他们详细讲过自己的战斗经历，但许多特征和这则启事似乎一样呀！柴兵荣来不及多想，欢天喜地地把报纸带回了家。

儿子激动不已，柴云振却无动于衷。

他已经离开部队三十三年了，三十多年间他的生活发生了许多变化，他已安安心心地当农民了。

刚复员回到老家那三年时间里，他每晚一做梦就回到朴达峰战场。漫山遍野的敌人又冲上来了，他端起机枪扫射不停，虽然阵地上只剩下他一个人了，但首长们还在关注着他，战友们就要反攻上来了。狠狠打呀，把敌人压下去，决不能让阵地再丢失……

“冲啊！杀！”柴云振经常从梦里大喊着惊醒过来，全身已经大汗淋漓。妻子从不知道他到底在战场上经历过什么，只看到他一次次醒来后泪流满面。几十年来家人都不知道他打过什么仗、立过什么功。他甚至连应得的优抚资格都没有报上去，所以部队通过组织渠道寻找他，才那么困难重重。

眼见父亲又一次沉默不语，柴兵荣不断拍打摊开的报纸，一字一句地念着，然后说：“爸爸啊，这不分明是找你吗？当兵的部队、时间都与你完全相同啊！”

柴云振头也不抬，说：“天下同名同姓的人多得很，何况报纸上找的是柴云振，我叫‘柴云政’呀。”

缠不过儿子的再三劝说请求，柴云振只好同意给部队写一封信。

在家里待了两天，柴兵荣坐不住了。他到底是见过些世面的人，总觉得这事情不该这么蹊跷。他反复劝导父亲：“爸，我们去湖北走一趟吧。你不是早想看看你的老战友和老首长吗？咱们不去认英雄，去耍一下也没关系嘛！”

儿子左说右劝，柴云振始终不同意去找老部队。当年，他所在部队从朝鲜回国的消息，他是几年后才知道的。当时，他也曾想去看一看生死与共的战友们，可他不知道部队驻扎在什么地方。再说就是找到了，从前的战友牺牲了那么多，留在部队的也没多少了，恐怕也没有人认得他了。只要和牺牲的战友们一比，他就感到自己已经太幸运了，还图个啥呢？家中子女众多，生活也确实困难，但国家已经给了复员费，还评定为残疾，已算是仁至义尽了。

但这一次，经不住家人和亲友的再三劝说，柴云振终于有点动摇了。不过听说老部队远在湖北，往返路费就需要几十块钱，他又踌躇起来。眼下青黄不接，要凑路费只有卖掉家中唯一的肥猪。这头肥猪是全家一年的所有指望，自己拿去“整光”了，家里怎么办？

犹豫再三，柴云振最终还是下定了决心，卖掉了这头肥猪。父子俩带着一百元钱，翻山越岭步行了三十多里山路，辗转坐车到成都后，才踏上了开往湖北孝感的火车。

秋天的太阳还很烤人。柴云振一身典型的四川农民打扮，他脚踏一双水胶鞋，戴着一顶破草帽，踩着满裤腿的泥巴走在城市的大路上。

一路上，老农民柴云振的心情既激动，又莫名其妙地有点儿发慌。他像一个失散多年的孩子就要回到阔别已久的家，只是不知道亲人们是否还认得自己。

快到部队营区了，儿子柴兵荣大步流星赶在前头，他却躲躲藏藏地落在后面，像个害羞的姑娘。

到了十五军的军部，威武大门如同长江入海口一般雄壮，使人无形中就要保持距离。当这个怯生生的老农民红着脸嗫嚅着要求见一见军首长时，年轻的卫兵一脸严肃，盯着他上上下下打量许久。他不明白，这位满腿带泥的老农有什么事情要找军首长。

柴云振情不自禁后退几步，老老实实站到警戒线之外。他明白，这是部队的规矩。

英雄终归来

温铁汉记得非常清楚，那天是一九八四年九月二十三日，正好是个星期天。当时他正在洗衣服，突然接到军政治部值班室的电话："你们要寻找的老英雄柴云振回来了，现正在这里。"

温铁汉心中一阵狂跳，丢下盆里的衣服，来不及洗手就向值班室跑去。可没跑多远，他的脚步慢慢停了下来。

他不得不谨慎啊！这些年，他们先后接待了来自全国各地的老兵上百人，有同名同姓的，也有提供线索反映情况的。经过考察和甄别，发现这些老战士虽然也有许多感人的战斗经历，但都不是他们要找的英雄。一次次希望，一次次失望，从兴高采烈跌入失望谷底，他们已经快要心灰意冷。这次面对自己找上门来的这一对父子，温铁汉难免心存疑惑。

出现在温铁汉面前的，是一位清瘦黝黑的老人。岁月的艰辛让他显得过早苍老，他紧搓双手有些慌乱，一看就是一位质朴憨厚的农村老汉。不过，当温铁汉一把握住老人满是老茧的右手时，心中顿时"咯噔"了一下。他发现对方的右手食指短缺了半截，马上问道："老同志的手指是怎么啦？"

柴云振回答："在和美国黑人士兵摔跤时被咬断了。"

温铁汉接着又问："还有地方受伤吗？"

柴云振用手拨拉着稀疏的灰白头发，一块块伤疤立刻呈现在眼前。他说："这是敌人用石头砸的，一共二十四处。"

温铁汉的心顿时激动得"怦怦"直跳：来者的伤情和所讲战斗过程，与部队掌握的情况完全相符。但他一边给来者倒茶、递烟，一边又镇静地问："你还记得在部队时哪些人的名字？"

老人显得有些为难："三十多年了，我头部又负过伤，记性不好，除了老师长崔建功、老政委聂济峰和老军长秦基伟，其他人我都记得不大准了。"

但老人强调，当时补充到八连后，是营长"武和尚"给他交代的任务，受伤后是战友孙洪发把他背下阵地的。

老人停了一下，很肯定地补充道："还有一个人我印象最深，就是我的老班长王向农，因为他是我的入党介绍人。"

"你什么时候入的党？"

"一九四九年，我在师警卫连的时候。"

至此，温铁汉掌握的重要线索全部对上了号。一旁的柴兵荣赶忙掏出父亲的残疾人证和复员证递了过来。温铁汉打开一看，与柴云振所在部队番号一字不差。

看来，这是柴云振同志本人确凿无疑了。谁知这时，老汉却又提出了一个问题："我叫柴云政，不叫柴云振。"温铁汉再次打开证件一看，可不是嘛，上面明明白白写着"柴云政"。这是怎么回事？难道会是两个人？

温铁汉在接待柴云振的过程中极为认真，既怕疏忽，有失对老英雄的礼貌；又怕出差错，一旦不慎，那影响就大了啊！他站了起来："走，你们先吃了饭住下好好休息休息！"

温铁汉把老同志安置妥后，迅速向军首长作了汇报。这时恰逢十五军要举行上甘岭战役胜利三十二周年纪念活动，经首长们同意，军史组趁此机会给老前辈孙洪发拍去了加急电报，请他回部队参加纪念活动，以便当面辨认柴云振。温铁汉同时告诉来访的柴家父子，部队首长外出检查工作了，请他们多等几天，等候首长接见。

一连几天过去了，家里的庄稼还等着拾掇呢，正当柴云振等得心急火燎，提出要走时，孙洪发来了，温铁汉赶紧将他引到柴云振的住处。

远远地，目光相遇的刹那，他们一下子都怔住了。柴云振看见了老战友孙洪发——这不是自己的救命恩人吗？

"老柴呀！"孙洪发也伸出双手，猛地抱住了迎上来的柴云振。

情不自禁地，两位老人猛地拥抱在一起，像孩子一样蹦着、跳着，一边叫着名字一边把对方抱起来，纵横的老泪全都流到了一起。

三十三年哪，好梦惊回风雪夜，壮心磨尽别离中。此刻流不尽的是战友泪，诉不完的是生死情。那个久别重逢的日子，两位老战友由于过度激动，竟然一句话也说不出来，就这么躺在招待所的床上，任由泪水整整流了一夜。

很快，老师长崔建功将军也闻讯赶来了，他哽咽着说："云振啊，我们找得你好苦啊！三十多年来，部队派人几乎寻遍了全国每一个省和自治区，今天总算找到你了！"柴云振也激动地说："想不到老战友们都还记得我，部队首长都还记得我！”

说来也巧，就在孙洪发来部队时，原四十五师警卫连的老文书董贵臣也因事找回了部队。经过一番交谈，才由董贵臣解开了柴云振名字差错之谜。

原来，柴云振在四十五师警卫连时，开始叫柴云正，后来连队文化教员为了给他的名字赋予一定的政治意义，就叫文书董贵臣在他的“正”字旁边加了个反文旁，成了“柴云政”。朴达峰战斗中，师部机关向连队紧急补充战斗人员，警卫连向八连移交人员名单时，由于时间十分紧迫，董贵臣一边念，八连文书付光楚一边写，结果竟把“政”字又错写成了“振”字。

“我们山东人，‘政’和‘振’念的是一个音。”董贵臣诙谐地解释说。

这就是说，柴云振自从参加解放军后，名字已经改过两回。这一字之差，导致两头都对不上：部队找不到英雄在何方，英雄本人和地方政府也不知道“柴云政”就是“柴云振”。等到一切真相大白，竟使英雄埋名三十三年！

历史终于等来了公正的一刻—— 一九八四年十月三日，一位离散多年的勇士，终于回到了自己的家。

十五军的首长们听完汇报后十分欣喜，热情会见了柴云振，并以军政治部的名义开具证明：柴云振同志是中共党员，特等功臣、一级战斗英雄。随后，军里派温铁汉陪同柴云振回家乡四川，会同有关部门落实英雄的政策待遇。

十五军找到了失散多年的英雄，整个军营喜气洋洋，如同过年一般热闹。一九八四年十月的一天，五十九岁的岳池县大佛乡农民柴云振，穿上了一身崭新的军装，站到了庄严的颁奖台上。

柴云振找到了！

一场迟到三十三年的授勋仪式，正式隆重举行了。

那枚高高挂在部队荣誉墙上的勋章，终于和它的主人相逢了！中央军委领导专程从北京赶来，亲自把这枚迟到的勋章为柴云振佩戴在胸前。老师长崔建功激动万分，他把柴云振的右手高高举起，声音颤抖地高声说："同志们，这就是我们寻找了三十多年的特等功臣，我们部队的骄傲啊！"

礼堂响起了雷鸣般经久不息的掌声。

柴云振，一个多么熟悉的名字呀！他和黄继光、邱少云一样，贯注了这支部队的血性与胆魄，象征着这支部队的荣耀和辉煌。这么多年来，十五军的干部换了一茬又一茬，战士来了一代又一代，可这个点燃灵魂之火、传承血脉基因的名字，却一直深深刻进他们的骨子里，浸透在他们的血液中，激励他们建功军营、奋斗不息。今天，官兵们终于第一次见到了这位传说中的英雄，他们怎能不争相一睹为快？

站在高高的讲台上，汗水，一点点浸透了柴云振的衣衫。几天的经历恍然如梦，他无法不感到拘谨和紧张。昨天，他还是扛着犁头走在田间的老农；今天，他怎么就成了万众瞩目的“英雄”？

面对那些满怀崇敬的年轻官兵，面对那些充满渴盼的虔诚眼神，柴云振悄悄擦了几把汗水，略感紧张地挪到麦克风前，开始一点点讲述朝鲜战场的难忘经历，讲述他生命中那最血腥残酷、最荡气回肠的漫长一天……

第三章

最后的防线

“磁性战术”

同志们啊，这么多年了，提起抗美援朝，全国人民都记得上甘岭，至于朴达峰，我想大多数中国人都没有听说过这个地名。但我要说，在朝鲜战场上，我们志愿军奋战坚守过的“上甘岭”何止成千上万，而朴达峰，就是我们十五军用血肉之躯筑起的另一道“上甘岭”。

朴达峰战斗，是第五次战役中十五军经历的最艰苦的战斗之一。在这座小山梁上，我们四十五师血战到底，誓死不退，挡住了“联合国军”的钢铁长龙，粉碎了敌人攻占铁原、金化，截断我志愿军东线主力兵团退路的企图。这场战斗，最能体现我们这支军队视死如归、凛然无畏的英雄气概。我这名幸存下来的老兵，今天给大家讲一下这场战斗，讲一下我们在朝鲜战场的经历，希望我们这支军队敢打必胜、不怕牺牲的精神，能够永远传承下去。

我这一生打过的硬仗恶仗、受领的危急任务也不算少了，但一九五一年五月二十七日那天，部队临危受命的形势，那才真叫严峻啊！

那时，第五次战役经过两个阶段的作战，志愿军和朝鲜人民军不仅消耗了“联合国军”的大量有生力量，破坏了“联合国军”在平壤、元山一线建立新防线的企图，还使我们这批刚刚入朝的部队得到了锻炼。但在一个月内连打两仗，部队已很疲劳，并且第一线部队粮食、弹药供应极为困难。因此，中朝联合司令部决定，第五次战役第二阶段于一九五一年五月二十一日结束。志愿军和朝鲜人民军停止进攻，开始调整部署，奉命向北转移，进入防御作战。

但接下来的较量，敌我双方都互相摸透对方的底牌了。

我必须说，比起我们在国内打败的国民党军队来，美军接受教训还是比较快的。经过前四次战役的打击，美军被志愿军穿插分割的游击战法打蒙了头，但他们也在节节失利的情形下，最终找到了志愿军的薄弱环节。

那个新上任的“联合国军”总司令，就是脖子上挂颗手雷到处晃荡的那个美国人——李奇微，是个心很细的厉害角色。他上任后不久，就发现志愿军由于后勤补给线遭到狂轰滥炸，所携带的干粮只能维持七天左右的进攻周期。美军利用志愿军这一致命弱点，对志愿军开展所谓“礼拜攻势”。

那时我们每天的作战距离，确实都很难超过二十公里，这是我们的进攻极限。其中原因，在于志愿军在战场保障能力上，和敌人存在着巨大的差距。在我们缴获的战利品中，美军的伙食分成A、B、C三个等级，A级是包括牛排在内的西餐，B级是热香肠和其他热食，最差的C级是罐头和便捷野战食品。美军解决了世界性的军队饮食问题，军队饮食实现了制式化的“立体饮食”。就连韩国军队的大米供应也非常充足，还能经常吃到日本空运来的紫菜、鱿鱼，甚至是符合韩国人口味的泡菜。

而我们志愿军每次战役前夕，随着作战命令一起下达的，往往还有自备一周熟食的要求。而所谓“熟食”，其实只是玉米面饼和在烧热的沙子里烤熟的玉米、黄豆、白薯和土豆。到了第五次战役转移阶段作战，部队困难到连这些最基本的口粮都无法保证了。军长秦基伟在召开作战会议时，也只能拿出炒黄豆来招待从下面赶来的师团长们。

摸清了志愿军后勤保障的这个规律后，“联合国军”要求他们的部队，“只要一闻到志愿军的炒面味，就立即迅速撤退”。但李奇微只把部队撤到二十二公里外，最远不超过二十五公里的地方。他不与志愿军正面接触，只依靠强大的炮火和空中优势，不间断地持续反攻，不给我们补充给养的时间，等到志愿军补给消耗殆尽，就立即挥师反扑。这便是李奇微创造的所谓“磁性战术”。美国人虽然接受教训快，但解放军才是他们的老师，这明显是学习我们“敌进我退、敌退我追”的游击战术嘛！

我们普通战士那时候懂啥“磁性战术”啊！只是觉得这仗打得很奇怪，这美国鬼子像一头狡猾的恶狼，你一追它就逃得飞快，你一停下它也停下来。只要看你没劲了，特别要往后撤的时候，它立马就露出满嘴獠牙反扑上来，狠狠咬住你不放。仓促应战的志愿军往往还没来得及喘口气，就要直接面对迎面反扑过来的美军。

第五次战役的第一、二阶段，我们十五军在志愿军司令部（以下简称“志司”）统一号令下，打得勇猛顽强，势如破竹。但随着战线的拉长，志愿军后勤补给的漏洞越来越大。咱们有什么困难？战士们既不怕战斗艰苦，也不怕流血牺牲，却有另外“三怕”：一怕没饭吃，二怕没子弹打，三怕受伤之后抬不下前线。

那时敌人天上飞机轰炸，路上地雷遍布，我们的粮食上不来，子弹也上不来，好多战士因为营养不良得夜盲症了。白天只要作战命令一下达，战士们哪怕饿得头昏眼花，仍然大声喊叫着往前冲。但一到晚上，即使皓月当空，也全然两眼一抹黑，非得让前面的战友胳膊系上白毛巾，再牵根绳子一起拉着，才能跟上队伍摸索着走。

部队入朝时每人所背的配额炒面，早就吃完了。后方同志突破敌人重重封锁抢运到前线的每一袋粮食，都是用鲜血换来的，都必须送到前线的战斗部队。我们师党委还要求全师官兵勒紧裤带，将自己的余粮贡献出来，支援在一线与敌人血战的战友们。第五次战役打到第二阶段结束时，就连我们师长和政委都好几天没吃上炒面了，炊事员就想法找了点黄豆炒，给他们充充饥。我们师直机关早就开始挖野菜、捕动物填肚子了。那野菜夹杂着泥沙一塞进嘴巴，苦涩烧心，难以下咽，有时翻肠倒肚一顿猛呕，连苦胆汁都吐了出来。

根据三十多年的战争经验，彭德怀极其敏锐地捕捉到“联合国军”企图利用机械化优势，向志愿军发起反攻的危险信号。他之所以在节节胜利的形势下，命令前线各部队立即停止进攻，准备后撤至“三八线”附近休整待命，就是提防着敌人使用这一狠招。

我们志愿军当时是怎么想的呢？既然是你准备要反击我，而且我确实现在补给已经到头了，那么我就主动后撤。主动后撤以后，我就跟补给点接近了，等拿到补给，那这时候我的战斗力又增强了，就可以跟你再继续打下去。所以这是一个有计划的后撤。

五月二十二日，彭德怀下达的命令就预计到：“此次虽给美军打击，仍未消灭其建制。根据敌人以前习惯，利用高度现代化进行所谓‘磁性战’，企图消耗疲劳我军。我主力北移休整时，敌尾我北犯是肯定的……”为此，中朝联合司令部特别明确了殿后掩护部队的任务，为了防止在快速机动能力上占尽优势的“联合国军”跟上来，彭德怀在命令里还特别叮嘱，各兵团撤退时，一定要“留一个师至一个军的兵力”监视和阻击美军。从撤退的位置起，要采取“节节阻击”的方式，掩护主力撤退。

风云骤变

志司对敌人的行动是有预见警觉的，防御部署上也有所准备。但后来的情况很快证明，这次敌人的胃口之大，远远超出了我们的想象，战局的发展变化之不良态势也比志司估计的严重很多。我们所有部队，都迎来了自入朝作战以来最大的一次危机。

这个一直像狼一样潜伏着的李奇微，终于等来了他认为的大好战机。

一九五一年五月十九日，李奇微从东京紧急飞赴朝鲜前线，和高级指挥官们研究反攻计划。他原本计划反攻只局限于议政府至铁原走廊地带，但现在突然改变想法了。他认定志愿军和朝鲜人民军的战线已经拉得太长，后勤保障面临巨大困难，这将成为一个沉重包袱，此时只要能够突然进攻，并最大限度提高推进速度，那么这次攻势必将取得“决定性成果”。

李奇微最终决定摆开阵势，从五月二十日起对志愿军部队展开全线反攻。他们采取新的战术，千方百计寻找志愿军和朝鲜人民军防线的空隙，利用摩托化步兵和坦克、炮兵组成的所谓“特遣队”，在大批航空兵和远程炮兵的支援下，多路突击，快速推进，迅速绕到志愿军和朝鲜人民军的背后，切断他们的重新补给和后撤道路，来一次“黑虎掏心”式的重拳猛击。

除了全线反攻，此时李奇微的心中，还有一个更大的目标，那便是铁原。

他后来在自己的回忆录中，清楚地描述了下达反击命令时的真实想法：“如果可以的话，比较理想的做法是我们可以威胁，甚至是夺取‘铁三角’地带，那里有从中国东北过来的铁路，还是多条公路的枢纽地带，这一切使得‘铁三角’地区成为对手供应补给的心脏。”

李奇微的野心不小，眼光也很毒。所谓“铁三角”，是指位于朝鲜半岛中部的铁原、金化、平康三地，这里是当年汉城（今首尔）至平壤铁路的必经之地，也是几条重要公路的交会地。这里山峰耸立，山岭连绵，是志愿军囤积、转运物资的重要战略交通枢纽，也是攻击敌人、遏制对手进攻的战略要地。铁原一旦被敌人占领，就会割裂志愿军东西线的联系，对后方基地及整个战场局势造成严重威胁。不仅如此，此时志愿军二线部队尚未完全布防，防线还未能形成，美军穿插行动一旦完成，志愿军整个防线就会陷入巨大被动。

为了这次蓄谋已久的全线反扑，敌人真是下足了血本啊！

一九五一年五月二十日，美军第八集团军第一军和第九军在空中力量的掩护下，配属英国、加拿大、韩国等国部队，首先在西线开始发动进攻，继而在中线、东线全面展开反攻，其总指挥是美军第八集团军司令范弗里特。“联合国军”在反扑中共动用了十四个师又一个旅和两个团的兵力，另有三个师三个旅为预备队。在四百多公里长的战线上，敌人像决堤的洪水一般席卷而来。仅仅五月二十一日“联合国军”发动反攻的第一天，西线美第一军就推进到了议政府一线，直线距离达到了八十至一百公里，这远远超过了仅靠两条腿走路的志愿军的行军极限。

为了达到快速猛烈、一击而中的目标，“联合国军”新组建的“特遣队”极为猖狂。各军派出的“特遣队”急速向北奔驰，分多路穿插袭击志愿军部队。这种部队机动性强、火力威猛、任务特殊，如同一头头松开铁链的恶狼，给志愿军撤退部队造成很大威胁。

为了阻断志愿军的退路，美军飞机沿着公路进行报复性轰炸扫射，投下了大量的汽油弹、化学地雷、定时炸弹、三脚钉……美军还出动了空降部队，频频实施空降行动，配合“特遣队”前后夹击。

除了军事进攻，敌人还展开了大规模的心理战。敌广播机飞临前线，不断对志愿军猖獗喊话：“投降吧弟兄们，这是又一次万里长征，但这次你们的两条腿，再也跑不过‘联合国军’的飞机和坦克啦！”

骤然之间山雨欲来，战况瞬息万变。

截至五月二十四日晚，由于“联合国军”的凶猛反扑，志愿军和朝鲜人民军最初所确定的机动防御线还没有来得及形成，就被敌人突入，并且在东西两线被敌人同时分割，形成了缺口，一时陷于被动。

在判明“联合国军”的反扑企图后，志司于五月二十四日致电各兵团、各军，指示“各军必须克服困难，有计划地布置掩护……求得消灭敌人一部。否则我不仅不能安全转运伤员，主力难以得到休整，反而可能遭受不必要的损失”，要求各军必须对此“严重注意”。志司还针对敌军反扑的特点，专门下达阻击作战的战术指示，尤其指出“我们的两条腿是跑不过敌人摩托化的”，因此，必须以一定部队，不惜一切代价，阻击与歼灭部分敌人，保证部队有秩序地进入预定作战地区。

从那以后，上级要求组织好撤退的紧急命令就一道接着一道。我军突然间由追击转为撤退，由进攻变为防御。所有部队都有点懵，一时间反应不过来。仗打得正顺呢，我们都还盼着补充弹药往前打啊！但上级突然说不要进攻了，赶紧往后撤。虽然一百个不情愿，但撤就撤吧，大家都认为这是一场“得胜回师”的行动，根本没有意识到一个巨大的危险正在迫近。

几十万部队的撤退转移，哪有那么简单啊！一场原本是胜利的进攻作战，很快因为敌人的疯狂追击转变为全线被动的危险局面。

志愿军和朝鲜人民军虽然作出了迎击敌军反扑的部署，但对“联合国军”反击规模如此之大、反击速度如此之快，确实是估计不足，以致部队在后撤北移的过程中，普遍出现混乱状况，有的部队腹背受敌极其被动。

特别是担负掩护任务的部队，有的需要两天行程，作横向运动方能进入防御地区；有的虽然进入了防御地区，但尚未形成防线，尤其是没有很好地控制要点和公路。当“联合国军”实施反扑时，防线出现多处空隙，致使美军“特遣队”乘隙而入，造成有些部队被分割，甚至被包围，最后遭受严重损失。在北移途中，和我们同属第三兵团的兄弟部队第六十军一八〇师就由于多种原因，掉队被围，被敌军分割打击，损失惨重。消息传来，全线为之震惊。

这不是一场简单的地盘争夺战，而是一场决定命运的倒计时赛。谁的速度更快，谁就能置对方于死地。面对

“联合国军”的凌厉进攻，志愿军主力急需尽快回撤成功，并重筑防线，否则将会面临更大危机。

当时我们同时面临两条战线的威胁。在西线，美第一军突入中朝军队防线得以长驱直入，给正在转移的志愿军主力部队带来了致命威胁；在东线，我军尚有大量部队未及时调整部署，其中有宋时轮九兵团的三个军，我三兵团的十二军，朝鲜人民军第一军团、第三军团。如果让敌军迅速占领铁原、金化，我们窝在东线的部队就很难退回来。在那个狭长地带里，要打展不开，要守也展不开，几十万人窝成一堆，无后方、无供给，如果美军的快速纵队突破中部地区，扼制住几个战略要道，中朝部队的这几个军将被隔绝于东部的大山中，被敌人严严实实地装进“口袋”里，那后果是不堪设想的。

敌我的统帅部都看出了这一态势，分别督促自己的部队快速行进。但是，全靠两条腿的中朝军队再怎么加快步伐，也难以超过那急如风火的美军机械化部队啊！眼看敌人的包围圈正在加紧收拢，战场形势更加严峻，从志司到各兵团、军、师各级首长们都明白，一场惊心动魄的大战到来了。

临危受命

一九五一年五月二十六日，“联合国军”距离志愿军的后勤基地铁原，只有二十公里了。

此刻，铁原城内志愿军的物资和后方机关正在撤离，而从前线陆续撤退下来的部队，也需要在这里重新获得补给，建立一条新的防线。更危急的是，铁原以北一马平川，如果被“联合国军”抢先占领，他们机械化部队的钢铁洪流势必难以阻挡，志愿军的防线就会被一举撕裂，处于极端不利的境地。保住铁原、金化一带，就是保住志愿军主力部队的安全，关系到抗美援朝战争的全局。

到五月二十七日，情况变得更加危险了，这场倒计时赛进入最为关键的时刻。北犯的“联合国军”进占汶山、永平、华川一线，并继续向铁原、金化方向进攻。特别是中路进攻铁原方向的美第一军势在必得，共分四路北进。其中一路企图抢占芝浦里，主攻方向直指角屹峰和朴达峰。敌人企图占领金化、铁原、平康“铁三角”地区，摧毁志愿军和朝鲜人民军的后方基地与交通枢纽的狂妄意图更加明显。

一向以冷静沉着著称的彭德怀司令员，这次也感到焦虑了。为了迅速制止敌人的进攻势头，稳定朝鲜战局，志司以罕见的严肃口吻，下达了《关于阻击敌人追击的指示》，指出：各部必须就现在姿态，坚决阻止住敌的冒进……总之，如现在不能阻止敌人进攻，势必造成更大的恶果。各阻击部队必须不惜一切代价，阻住敌人。

后来，研究军史的同志告诉我，当时朝鲜战场的局势，让远在北京的毛主席连续几个晚上睡不好觉，朝鲜战局的发展令他极为关注。五月三十一日凌晨两点，他还发电报给前线的彭德怀司令员，电报肯定了阻敌于金化、铁原一带的想法，并强调“望坚决执行”。

正是在这种形势下，彭德怀司令员果断决策，以非常之举应对非常之事。在志司统一指挥下，各部停止休整，迅速展开构筑工事，阻击“联合国军”北进。我们十五军是在北移途中，突然接到志司紧急命令的。因为我十五军在第五次战役中是第一梯队，发起冲击时一直最靠前，回撤时当然也最靠后。后面出现紧急情况，原地向后转，回马一枪，我们又成了最前沿的队伍。

最紧急的时刻，彭德怀司令员把最艰巨的任务交给了我们。

他命令十五军迅速在金化以南芝浦里地区角屹峰、鸣城山、朴达峰一线抢占要点，组织防御，打击敌人尾追，阻止敌人穿插，坚决阻击北犯之敌七至十天，掩护我东线主力兵团调整部署。

芝浦里是铁原、金化的屏障，是敌人进犯的必经之路，也是掩护我东线主力部队向北转移的战略要地，彭德怀司令员当然知道它在阻击防线中的极端重要性。他之所以把这么重要的任务交给我们，是因为十五军虽然是一支年轻的部队，但在战争的血火洗礼中成长进步很快。如同我们的秦基伟军长所说："战场上的十五军，潇洒过，艰苦过，悲壮过，胜利过，就是没有装孬过。"

彭德怀司令员深知这场阻击战非同一般战斗，就在正式命令下达后，彭总还不放心，又亲自跟秦基伟军长通话，让我们克服一切困难，坚持七至十天。秦军长当即坚决表态："请司令员放心，我们采取一切手段，至少顶住十天！"他命令全军三个师停止北撤，迅速转入防御作战状态。

尽管秦军长态度慷慨激昂，但他心里也明白，敌人大军压境，我军全线撤退，斗争焦点集中，仅角屹峰、朴达峰两点支撑，坚持数日并不是一件轻松的事。况且，这时我们军经过第五次战役连续作战，伤亡很大，减员达三分之一。步兵营以下分队，减员过半，多数连队仅有五十余人。而且由于武器弹药损耗大，严重缺乏粮食，部队已经极度疲劳。

特别使秦军长恼火的是，十五军唯一的一个高炮团在这次撤退时，由于团指挥员的麻痹大意，没有严格按照十五军规定的时间转移，以为下雨天敌人空军不会出动，在白天冒雨行军，擅自提前行动，汽车结队前进，结果被敌机发觉，遭到空袭，损失三十七毫米高炮十九门，令人痛心疾首。这就意味着，在接下来最关键的阻击战中，十五军失去了对空作战的能力，无形中已把空中战场让给了敌人。

然而，困难虽有千万，最终只有坚决执行命令这一条。大局之下，十五军从来不讲价钱，不提困难。我们接受的战斗任务，哪一次不艰巨？

那一天，我们军长秦基伟的压力太大了。彭老总向他反复交代，讲这次任务如何艰巨，这在以前是从未有过的事。秦军长感觉到这个态势肯定非常严重。

但我们秦军长是个意志非常坚定的人。那年他虽然才三十七岁，可他十三岁就参加了革命，从黄麻起义一直打到抗美援朝，坚忍不拔是他最鲜明的性格。一九三二年，在红四方面军向川陕转移前的一次战斗中，他身负重伤，组织上两次安排他就地养伤，但他硬是咬紧牙关以惊人的毅力，追随部队转战三千多里，最终抵达陕北。

这样一位军长，他对自己要求严格，对这支部队也是既爱又狠更严。他从秦赖支队司令员到太行军区司令员，从第九纵队司令员到十五军首任军长，既是这支部队的一分子，也是这支部队的带头人。可以说，他的作风有多硬朗，就要求十五军有多硬朗，像我们四川人说的，绝对不能在关键时候“拉稀摆带”！

顾全大局，逆行出征；挺身艰难，誓死不退！十五军首长很快形成一个铁腕决心：不惜一切代价，不怕任何牺牲，为了完成掩护任务，十五军准备打光最后的一兵一卒。

军里向各师发出紧急动员令，号召部队坚决顶住敌人的进攻。在向部队进行动员的同时，防御部署决心已经形成，迅速在角屹峰、朴达峰一线构筑阵地，又在芝浦里、广德山一线构筑第二阵地，第二梯队师于初里洞、大德峰一线构筑第三防御阵地。

秦基伟军长对这次阻击战的部署是，把张显扬师长指挥的二十九师放在右翼，崔建功师长指挥的四十五师放在左翼，两个师并肩守住正面宽十七公里、纵深十九公里的芝浦里地区，以迟滞敌人北进；向守志师长则率四十四师作为二梯队，并用一个团在初里洞、畓谷、大德峰一带构筑的第三道防御阵地……

当时，十五军的撤退秩序是四十四师在前，四十五师居中，二十九师殿后。这时候，后卫改成了前锋，已走出较远距离的四十四师也连夜掉头南返。

秦基伟军长对他麾下的每支部队都非常熟悉，而且善用其长。他决定把善于打防御战的四十五师，再一次放在关键地段。五月二十七日晚九时，秦基伟军长急召四十五师师长崔建功和一三四团团长段成秀，当面下达命令：四十五师立即收拢部队，必须于二十八日凌晨抢在敌人之前，赶往金化以南芝浦里地区角屹峰、山内砚、鸣城山一线占领阵地，拦截住正全速向北推进的敌人，以便全军其他几个师能有时间调整部署，进入防御阵地。

紧急交代完任务，秦军长问崔建功师长："你们每个团现在还有多少人？"

崔师长沉重地说："还有一千七八百人吧！"

十五军进入朝鲜战场时，每个团有三千多人，如今已减员近半。特别是这个即将担负重任的一三四团，本来是一支比较能打的部队，但由于在第五次战役第二阶段打得最猛，伤亡也很多，现在就只剩下六百余人了，仅有原来兵力的五分之一。而二十七日这个时候，正向金化、铁原及芝浦里方向全线挺进的"联合国军"，足足有四万多人啊！

但作为一军之长，秦军长不能有半点犹豫和畏难，他语气坚决地对崔师长说："既然志司和兵团有命令，人再少也得打下去！"

不等崔师长回答，他又强调说："越是高级指挥员，越要有政治头脑，要有全局观念，决心要硬。这是政治上的勇敢。”他给崔师长的要求只有一个：此次阻击，只许顶住，不许后退。

还能说什么呢？将强才能兵勇，置之死地方能后生。崔师长没有再说什么，当即表示：无论多么艰难，也要坚决完成任务！

“誓与阵地共存亡！”

在秦军长面前立下了军令状后，崔建功师长的心中更加不平静了。

当时，志愿军主力正在全线北撤，而我们却要返身折回，在“联合国军”的主要进攻方向迎战敌军主力，彻底制止敌军的反扑。我们的战士刚刚才从血火中一路冲杀出来，现在要折身返回，面对一场注定要付出重大牺牲的阻击战，崔师长当时承受着怎样的压力，简直不可想象啊！

早在五天前的五月二十二日晚，为了避免部队转移时过分拥挤，志司已命令我们十五军提前北移。在所有北撤部队中，我们是收拢最快、行动最快的部队之一。由于军首长重视保持通信畅通、各级组织得力，我们接到命令后迅速扔掉许多坛坛罐罐，一路收拢神速、紧急转移，十五军基本上没有吃大亏。而现在，刚刚撤出来的疲惫之师要再次顶上去，我们啃得下这块“硬骨头”、接得了这块“烫手山芋”吗？

我们十五军历来有一种观念：无论打的是什么仗，指挥员都必须最大限度地减少部队人员的伤亡，保持战斗力。但一旦到了重要时刻，指挥员的决心必须要硬，必须在困难面前豁得出、关键时刻顶得上，咬紧牙关拼到最后一个人也在所不惜。甚至有些战斗明知要付出很大的代价，也要咬着牙坚持打下去，那往往打的是政治仗，是敢于牺牲自己。否则，挑战来了不敢面对，遇到困难怨天尤人，那还叫什么革命军人？

明知山有虎，偏向虎山行。这一次，我们四十五师明白自己面临的处境，为了掩护志愿军主力部队安全后撤，我们准备付出最大的代价，就是豁出最后一个兵也要顶住不退。眼下尽管困难重重，但全师上下都抱定了牺牲的决心，坚决完成上级赋予的阻击任务。

这真是对四十五师战场应急能力的一次巨大考验。崔师长在行军途中下达了作战命令，并要求部队各级紧急动员起来。

这么多年了，当时紧张到了什么程度呢？我今天还记得清清楚楚。

受领任务后，由于时间紧迫，我们一边行军一边动员，有几个人就动员几个人，有一分钟就多讲一分钟。我们心急火燎地往前线跑，连队干部就在旁边一边跟着跑，一边嘶哑着嗓子喊，主要讲我军在第五次战役中取得的胜利，鼓舞大家的战斗意志，反复强调必须坚决贯彻上级的指示意图，特别是讲："彭总就在我们阵地后面，能不能保证志司和首长安全，就看我们的了！"

我们师直属队由戴光副参谋长率领着急行军，直属队的干部轮训队、机关男女干部、警卫战士都向阵地紧急运送粮食弹药，全师上下都叫响了一个口号："忍受艰苦，克服困难，誓与阵地共存亡！"

秦军长给一三四团的命令是赶在五月二十八日凌晨之前，抢占芝浦里地区角屹峰、朴达峰一线要点，"无论怎样艰苦，也要连夜赶到指定地点”。如果说芝浦里是阻敌北进的尖刀前沿，角屹峰、朴达峰就是这把尖刀的刀尖部分，是我师卡住敌人的咽喉支点。如果守不住这两个阵地，控制不住山下的公路，美军的机械化部队就会长驱直入，一举突破深入志愿军的大后方，不仅仅后方基地将遭受严重损失，包括志司指挥机关，甚至整个主力部队，都要遭受严重损失。

十万火急的命令刚一下达，一场生死竞速就拉开了帷幕。

那天，大雨如注，我们师一三四团先头部队就发动“11号汽车”——两条腿，和敌人的四个车轮子展开赛跑。许多战士边跑边扔下干粮袋等碍事的负担，一些人一边跑着一边累得吐血，有的人跑着跑着就一头栽倒在地，再也起不来了。团长率领全团仅剩的六百余人，在风雨中疾行七小时，终于在二十八日拂晓赶到了芝浦里地区角屹峰，成功抢在了敌人的前面。

芝浦里周围山峦起伏，都是陡峭的裂石断岩，很难挖掘工事，但战士们不畏困难，扔下背包就抢筑工事，抓紧备战，牢牢控制了这个地区。

五月二十九日中午十一时，敌人先头部队一百多人分乘二十多辆卡车，在三辆坦克的掩护下，一路耀武扬威却姗姗来迟了。敌人原以为这是一场没有任何悬念的攻势，然而怎么也没想到，志愿军会捷足先登。他们自恃火力强大，仍幻想用奇袭手段突破我军防御阵地，刚一到达就立即向我一三四团二营阵地发起猛攻，却不料遭到二营猛烈炮火的迎头痛击。敌人队伍立即混乱，我们的战士真是英勇，当头一棒给了敌人一个“下马威”，一连打退敌人三次进攻，毙敌八十余人，击毁汽车四辆，敌军不敢再贸然进攻。

角屹峰的战况不断报向十五军的军部。秦军长提醒崔师长，这只是敌人的一次试探性进攻，规模更大更为残酷的战斗还在后边，一三四团和其他部队不能麻痹，应该立即利用战斗间隙赶修工事。

五月二十九日十九时，第二十九师八十六团二营奉命赶到角屹峰，第四十五师一三四团按上级命令，把这个防线交给了二营。随后，一三四团又马不停蹄地转移阵地，一路急行军抵达朴达峰构筑防线。一三五团也占领了朴达峰799.6高地阻击敌人。这样，十五军主力部署基本完毕：第二十九师负责防守右翼角屹峰，第四十五师则在左翼的朴达峰，与敌人展开生死决战。

第四章

生死朴达峰

血火拉锯战

由此，从五月三十日至六月五日，一三四团与敌浴血战斗了七昼夜。

朴达峰在金化西南三十多公里的位置，山势陡峭，林木茂密，是敌人冒险进犯金化必经之地。整个朴达峰阻击战中，一三四团如同一颗钢钉牢牢扎在这里，与敌之战极为残酷，双方的士兵把机枪枪筒都打红了，几乎所有阵地打到最后都成了白刃战，我们的部队涌现出不少英雄模范，其精神真是惊天地泣鬼神。

从五月三十日拂晓开始，敌军先头部队加拿大步兵第二十五旅在猛烈的炮火和飞机、坦克的掩护下，开始向朴达峰进犯，企图一举突破我军防御阵地，为攻占芝浦里开路。谁知马上就遭到我们的迎头痛击，死伤少校营长以下一百五十余人。

五月三十一日，加拿大旅进攻受挫后，灰溜溜地撤出了战斗。眼看其他国家的杂牌军不中用，骄横凶狠的美二十五师亲自上阵了。为了不在仆从国军队面前丢脸，美国人这回真是拼了老命。从五月三十日至六月四日，敌人的攻势一次比一次猛烈，炮火轮番轰炸，坦克轮番冲击，特别是敌人那个飞机啊，简直就像一群密密麻麻的黄蜂，挤在空中轮流打转，一群才走另一群又来，炸弹像冰雹一样密集，对不到一公里长的朴达峰狂轰滥炸，山头被打下去几尺，尖山都被打为平山了，随便抓一把土，都是焦黑的弹片。面对敌人铺天盖地飞来的炮弹和炸弹，那种阵势就是钢浇铁铸的兵，也会被烧成铁水。

一三四团还能坚持多久，志愿军各级指挥部都在屏息关注。

经过三天激战，坚守防御阵地的三营伤亡很大，七、九两连，仅剩四十余人。根据团部的指示，三营将七、九连合编为一个连，继续坚守阵地。当日十二时，美军一个营就向我七、九连阵地连续攻击六次，均被击退。这时，第七、九连阵地上仅剩二十余人了。

朴达峰上六月二日的战斗，可谓惊天动地，许多英雄的事迹真是可歌可泣。

六月二日六时，敌人以三个营的兵力，向我七连发动全面进攻。七连三面临敌，英勇战斗。连长郭新年下颚被打掉了一半，昏迷了多次，还竭力振作指挥战斗，并且对迫近的敌人投掷了三十多枚手榴弹，以致他的右手指上缠满了手榴弹的拉火弦。

郭连长的英雄气概，深深鼓舞了全连剩下的官兵。中午十二时，七连因伤亡过重，阵地大部分为敌所占领，但战士们仍然死守不退，反复与敌争夺阵地。副指导员刘汉不顾身上多处重伤，和卫生员两个人，击退敌人一个连的两次冲击。

这时，年仅十九岁的苗族战士刘兴文跑来请求承担战斗任务。眼看一个排的敌人又爬上山来了，刘汉说：“小刘，你力气小，负责揭手榴弹盖子就行，让我来投！”敌人趴在那里，不见我军射击，以为山上的志愿军全部阵亡了，就在一名军官督战下，朝我阵地涌上来。刘汉一声令下，两人一起投弹，打退了敌人的冲击。但刘汉再次负伤，倒在血泊里。

刘兴文抱着副指导员，泪流满面。刘汉用尽最后一点力气说："别难过，我牺牲在阵地上，很光荣……兴文，你是苗族战士，是共青团员，要为祖国争光，为苗家争光……"话没说完，刘副指导员就牺牲了。

在击退又一拨敌人的进攻后，刘兴文心想，应该把情况报告给朴达峰主阵地上的连长。他冲上阵地，发现郭连长下巴被打碎，缠着绷带，不能说话。郭连长使劲地用拳头砸向地面，刘兴文明白了，这是连长用无声的命令，要求他坚守阵地，继续战斗到最后关头。

刘兴文个儿很小，胆子却不小。当时阵地上就剩下一个叫赵金平的机枪手。赵金平的重机枪需要个弹药手，刘兴文是搞迫击炮的，这时炮弹已经打完了。他们两个人就临时组合，赵金平教刘兴文当他的副手，教会他怎么打重机枪。两个人采取分工协作战术，远处之敌由赵金平用机枪消灭，抵近之敌由刘兴文用手榴弹和爆破筒消灭。他们还经常交换战斗位置，不断迷惑敌人。

从当天中午打到夜晚，战斗了七八个小时，他们共击退美二十五师连以上冲击十一次，毙伤敌军一百余人，牢牢守住了阵地，最后坚持战斗的仅剩七人。刘兴文同志在这次战斗中立了一等功，并荣获二级战斗英雄称号，可惜后来他不幸牺牲在前线。

六月四日，朴达峰激战整整五天五夜了。五天时间，敌人除了在我们阵地前丢下一千多具尸体，硬是没能前进一步。与此同时，志愿军第六十三军也在涟川、铁原地区克服种种困难，顽强抗击美军四个师的轮番进攻。美军在铁原、金化前线应该说每天都在向前推进，但却走不出他们所需要的速度了。

志愿军官兵们硬是用自己的血肉之躯，在这道匆促构筑的防御线上，死死地绞住了美军这架高速运转的战争机器。

“好钢用在刀刃上”

“联合国军”的钢铁战车连连受挫，于是越发狂躁起来。

他们用飞机轰炸不起作用，派炮兵上去也不起作用，把所有的先进战争装备全用上了，还是无济于事。相反，随着时间的流逝，志愿军位于铁原北部的第二条防线正在快速形成。眼看战机即将消失，“联合国军”上上下下都急得像热锅上的蚂蚁。

坐镇汉城的美军第八集团军司令范弗里特，六月二日发表进攻阶段声明：“志愿军用超强意志力，尽最大努力，抵抗在‘铁三角’地区以及周边地区。”这个老头一反平时温和谦逊的形象，催促前线不惜血本地连番攻击，敦促部队“务必尽最大的可能发动进攻”。

范弗里特虽然横下了一条心，可他手下这帮美国兵不争气啊，他们一离开坦克掩护，离开航空兵掩护，打仗就不行了。所以朴达峰上虽然我们只保持几十个人的防守兵力，他们就是攻不上来。后来，美军调来了传说中特别厉害的黑人团，在飞机、大炮、坦克的掩护下，采取先小后大、由排至团蜂拥而上的群狼战术，对七、九连的阵地展开了连续进攻。

打到下午两点，敌人又以三个营的兵力分多路向我军猛攻，七连主阵地为敌占领，眼见我军正面防御阵地有被突破的可能，情况十分危急。伤痕累累的一三四团，如同一根被拉到极限的弹簧，岌岌可危。

由于敌我双方都铆足了劲，战斗形势时刻都在发生着变化。在师指挥所，师首长听到前沿阵地即将被敌突破的消息，空气骤然紧张起来。

当时，我在师部警卫连一排一班任班长，每天守卫在师指挥所门口。看着首长们对着地图熬红了眼睛，拿着电话喊哑了嗓子，我看在眼里急在心上，多想能为首长们分点忧哟！

说实话，那时我心里头非常矛盾，硬是翻江倒海啊！部队入朝两个多月以来，由于我在师部警卫连，负责保卫师部的安全，因此总能及时听到前线传来的捷报。眼看着那么多战友杀敌立功，我的心情无法平静。我多么想上阵地和敌人痛痛快快干上几仗啊！

战场上不断传来激烈的枪炮声，撩得人心里难以忍受。我找连长要求上阵地参战，为祖国人民立功。可连长耐心地给我做思想工作，说现在战争已不分前方后方，你看这敌机天天在头上飞，炮弹天天在身旁炸，首长们的安全随时受到威胁。我们作为警卫战士，保护好首长的安全就是保障战斗胜利，就是为党和人民立下的最大功劳。

我也知道连长说得有道理，我也不忍心离开朝夕相处、可亲可敬的首长们。可眼见战事如此吃紧，一个个熟悉战友牺牲的消息不断传来，更激起我要报仇雪恨的满腔怒火。

我们在师部站岗放哨，首长们进进出出，打照面的机会自然很多。再说平时行军有个什么事，只要一招呼，都是我们警卫连的战士最先跑过去，彼此早就熟悉了。崔师长对我的军事素质一直比较放心，平时只要上前线开会或者勘察地形，都爱点名要我出勤保障。那些天，我好几次都忍不住想去找崔师长要求参战，但看他每天忙成那样，也不敢轻易打扰。

但这一次，我实在忍不住了，跑去恳求道："首长，秦军长不是号召我们要英勇作战、不怕牺牲，做一个国际英雄吗？现在前沿阵地急需人员，请首长下命令吧，我们警卫连的兵决不给首长丢脸！"

崔师长好久没刮胡子了，此时显得格外消瘦。他见我主动请战，非常欣慰，立即答应了我的请求。当时只有我们师的一三四团和师警卫连赶到了这里，其余部队还在急行军途中。这时，师党委下决心把师直属队所有能参加战斗的人员，火速充实到一三四团的一线战斗连队。

说实话，那个时候的战斗，就像拔河比赛到了最后关头，双方都耗尽了力气，就看谁能憋住最后一口气了！我们的通信员、炊事员都上了战场，师首长也完全顾不上师部的安全了，可以想象当时形势有多吃紧！

很多人不知道，我们十五军继承了一个红军年代的老传统。那就是每当仗打到了关键时刻，首长会毫不犹豫地把自己的警卫部队调上去，这就说明这是一场相当激烈的硬仗了。我们军的这些警卫连，历来是打仗最过硬的部队，很能打！比如在淮海战役小张庄战斗中，最后解决黄维兵团的时候，就是秦军长组建的警卫连采用"迫近作业"，一直把工事挖到离敌人阵地只有二三十米的地方，取得了出其不意的胜利。后来著名的上甘岭战役，秦基伟军长又从他的四个警卫排中，一下子抽调了两个排去与前线官兵并肩战斗。这两个排一共七十九个人，最后通过敌人层层封锁线进入坑道的，虽然只有二十多人，但对一线部队的精神鼓舞却是无比巨大的。

上甘岭战役最紧张时，秦军长的警卫员王六也积极要求到前沿阵地参战。这名警卫员不仅心细，而且很有思想，有时甚至能起参谋作用。在第五次战役中，有一次敌机轰炸时，他一下扑到秦军长身上，躲过一梭子弹，救过秦军长的命。秦军长对他的感情很深，当时尽管舍不得，还是批准他上了前线。王六同志战斗非常勇敢，后来在上甘岭的一次反击作战中牺牲了。

秦军长把这个光荣传统从红军时期带到抗日战争、解放战争中，也带到了朝鲜战场上。首长们以身作则送贴身警卫员支援前线，既加强了一线部队的作战力量，也极大地提振了军心士气。

我们这批警卫连的战士，跟随师首长一路南征北战，结下了深厚的感情。我从一九四九年调到师警卫连开始，就一直跟在崔建功师长身边。师党委批准我们上前线，战士们都倍感光荣，迫切地要杀敌立功。但瞬间到来的生死之战，却让崔师长经过了好一番斗争才咬牙下定决心。

炮火映红了天际，师部抽调的三十名战士整齐列队，崔建功师长、聂济峰政委亲自为我们壮行。

在炮火的映照下，崔师长的眼睛虽布满了血丝，但仍然灼灼有光。他站在队列前很动感情地说："同志们平时决心都很大，要把美国鬼子赶出朝鲜去。但现在形势非常严峻，朴达峰守不住，敌人就要长驱直入，我们就会被赶出朝鲜去！现在，朴达峰背后就是志愿军总部，鸭绿江背后就是祖国……"

铁骨铮铮的崔师长突然有点哽咽，说不下去。我们的眼睛都红了，一个个热血涌到了头皮，队伍中突然爆发出阵阵呼喊：

“为警卫连争光！”

“为四十五师争光！”

“决不辜负首长期望！”

虽然只是几十号人，但怒吼的声音却如雄狮咆哮。

聂政委不知从哪里找来了几包牛肉干，他声音沙哑地说：“同志们，现在是你们好钢用在刀刃上的时候了！由于我们的给养一直没有得到补充，大家是忍饥挨饿参战的，我们非常抱歉。为表示心意，师里几个领导同志把分配的一点牛肉干送给大家。当然，这点东西解决不了什么问题，但这也是好钢用在刀刃上嘛！”

师首长们也早断粮了，他们还要指挥战斗，这珍贵的牛肉干我们怎能要呢！

崔师长一个个硬塞给战士们：“同志们一定得收下，这是我们的心意，也是师党委的决定，要节约一粒粮、一口饭，送给一线战斗的同志们。我们——向同志们致敬了！”

两位师首长同时举起了右手，向战士们致以庄严的军礼。我们也集体举手还礼，只是举起的手久久不愿放下。再见了，敬爱的首长，不知是否还能相见。此刻纵有千言万语，大家都深藏在心头。

崔师长和我们一一握手道别。当他握住我的手时，特别用力。我的嘴唇有些颤抖，只从喉咙里挤出几句话：“请首长今后多多保重，等我们胜利的消息！”

这是我人生中最重要的一天：一九五一年六月四日，我由师部警卫连补充到一三四团三营八连任七班班长。

紧急补充到八连

我接到奔赴前线的命令，带着班内三名战士刚要出发，原来我班里的战士孙洪发就跑来了：“班长，等等，我们一起去吧！”

我边跑边告诉他：“孙洪发，你不在我们班了，上级安排你去八连四班当副班长了，我先走了！”

“让我跟着你战斗吧，我们才配合得好啊！”孙洪发远远送来一句话。

我心头还是一热，“上阵离不开亲兄弟”，我平时跟孙洪发感情很好，经常一起站岗放哨。现在上阵拼命的时候，他还能这么信任我，真不枉了平时好兄弟一场。但跟谁上战场要听上级的命令，我喊道：“那在前线等你，你快来啊！”

我们来到团部，副团长刘占华正在带病坚持指挥战斗。他下令三营组织一切能够参战的人员，一边坚决阻击敌人的进攻，一边要趁敌人立足未稳，进行反击，夺回失去的阵地。刘副团长见了我赶紧交代：“阵地上正打得激烈，情况紧急，快到三营去吧，祝你们成功！”

我带着郭忠堂、王富贵、周辅清三名战士跑得飞快，多少天日思夜盼的立功机会来了，大家都憋足了一股子劲儿。我跑在最前头，还跟他们开玩笑："快点哟，莫当乌龟掉队哈，等会儿去迟了立不了功莫骂娘啊！"

几个战友都忍不住笑了。郭忠堂是我的四川老乡，风趣幽默，很有人缘，他平时老爱跟我开玩笑，这时跟着打趣："班长你咋个只顾往前头钻，前头有便宜捡嘛啷个哦！"

那时，我们已经断粮很久了，每天都在饥肠辘辘中度过。郭忠堂平时是个"好吃嘴"，经常天花乱坠地给我们"精神会餐"。有一次他跟我一起站夜岗扯闲篇时，很认真地问我："班长，咱们胜利了回国那一天，你最想干件什么事情啊？"

我问他有啥想法，他充满向往地说："咱们四十五师胜利回国了，就在祖国的土地上，在鸭绿江边，搞一次全师大会餐。从崔师长到战士，十个人一桌！每个人一大盆回锅肉，油汪汪的，嫩酥酥的，每个人再倒上三大碗白酒，白米饭更要放开肚皮整饱，随便吃够！"

我觉得这小子真能吹，顺着他说："好，等胜利了我们一起回四川，我请你吃回锅肉，保准管够！"

现在想想，那时大家真是一腔热血、朝气蓬勃啊！战斗那么残酷激烈，我们没有丝毫畏惧，一心只想赶到战场和美国鬼子较个高低。

我们一行人赶到营指挥所时，三营营长武尚志非常高兴，连声说："来得正好，来得正好啊！"他分派我们去了八连。

我们的自豪之情油然而生。首长把我们补充到三营八连，这既是战斗形势的需要，也是对我们的信任和鼓舞。八连就是我们部队后来扬名天下的"上甘岭特功八连"，就是著名的电影《上甘岭》中那支志愿军某部八连的原型。

这是一支具有光荣历史的红军连队，从抗日战争到抗美援朝，八连可谓英雄辈出、战功卓著。来到八连，只需记住一句话，“只吹冲锋号，不打退堂鼓”，这是一代代八连官兵刻在骨子里的铁血连魂。

就这样，在一线防御阵地即将被敌人突破的危险时刻，我们被补充分配到三营八连，立即投入了激烈的战斗。

六月四日这一天，敌我双方在朴达峰阵地上真是杀得天昏地暗啊！

我记得很清楚，阵地上落下的不晓得那是敌人的一种啥子炮，一个炮弹壳比我人还高，你想这一炮打来伤亡得有多大？我们这些老兵大多数在国内战场上也算身经百战了，但从未领教过朝鲜战场上如此猛烈的空中和地面炮火。美军的空中掩护和炮兵协同战术是相当厉害的，他们火炮齐射的密度有时甚至能撞上自己正在空中助战的飞机。

朴达峰阵地上，我们的战士为了节省弹药，尽可能让敌人靠近了再打，近到都能看到对手额头上的汗珠。最后他们往往用上了枪托、石头和刺刀。“联合国军”发现阵地上很少射出子弹了，每次进攻被打退后也不下山了，就后退三十米蜷伏在那里休息，过几分钟再扑上来。

这一天的战斗已成胶着状态。几天来，敌人在我阵地前死伤千余人，却未能前进一步，这下更加恼羞成怒，进攻更加疯狂。

美二十五师命令其第二十四团加入战斗。在飞机、坦克的支援下，采取逐次增大兵力的战术，采用排、连冲击，而后以营规模冲击。战至十四时，敌人估计我们阵地上兵力已经所剩不多了，弹药也消耗殆尽，便集中三个营的兵力采取集群冲击，分多路一拥而上，试图毕其功于一役。

那时七、九连只剩下二十多人了，已经在阵地上苦苦坚持了八个小时。在这八个小时中，阵地两次易手。我一上去就投入恶战，带领全班战士配合七、九连进行了两次成功的反击。三次冲锋下来，我们把阵地都夺回来了。可是由于七连只剩几个人了，坚守了一个多小时后，两个主峰阵地又丢失了。

我们的炮兵虽然集中炮火拦阻，造成敌人重大伤亡，但敌人仍然占据了七连阵地，并一步步逼近三营指挥所。敌人居高临下用重机枪朝我们营指挥所疯狂扫射，打得我们连头都抬不起来，营指挥所随时都有被突破的危险。

这是最后一分钟的坚持。我们，还是被逼到悬崖边上了。

最后一包牛肉干

那时我疲累交加，已经一天一夜没有吃东西了，饿得前胸贴后背。外面炮火连天，我们紧紧趴在营指挥所的一个地堡里。当时送饭的炊事班挨了炮弹，牺牲了两名战士，挑的饭也被炸翻了。炊事班长还活着，全身血淋淋的，从地上赶紧扒了一包饭就用围裙给我们抱到阵地上来。我饿慌了，用手抓了一把饭就往嘴巴里塞。“咔嚓”一声，差点没把牙齿崩掉——原来饭里头全是石子和松枝……我无意中摸到师首长送的那点牛肉干，正想往嘴里送，又记起聂政委说了，“好钢用在刀刃上”，后面还有恶仗等着呢……

我胡乱抓起几把饭猛嚼着，就听见有人一声大喊：“八连七班，去把阵地给我拿回来，坚决把敌人的威风打下去！”

下命令的正是营长武尚志。武尚志外号叫“武和尚”，打起仗来不要命得很，他负过七次伤，立过三次特等功、三次一等功，可以说身上的伤疤和军功章一样多。他那时把眼睛鼓得鸡蛋一样大，眼珠子血红得吓人：“坚决给我把山头拿下来！山头拿不下来，你就拿人头来见我！”

原来，眼看我一线防御阵地有被突破的危险，正在一三四团指挥战斗的刘占华副团长命令，三营绝不准后退，除了组织七连剩余人员坚守阵地要点，还要使用八连预备队乘敌立足未稳，立即进行反击，夺回阵地。“武和尚”这才命令我所在的八连三排马上反冲击。

按理说，我作为共产党员，关键时刻应该坚决服从命令。但我当时却腔都没开，不说话。为啥不开腔？我没有人了啊。我班里的人快牺牲完了，现在只剩下三名战士，怎么夺回阵地？

但任务下达了，就必须去完成。此时朴达峰上伤亡巨大，我们八连就是第二梯队，部队已经无兵可调了。我也不怪“武和尚”了，看他急火攻心的样子，恨不得自己顶到战斗一线去呢！

破釜沉舟的时候到了，我带领全班再次出击。

经过冷静观察，我发现居中的是我军失去的主峰阵地，右后的无名高地也被敌人占领，这两处的敌人兵力都比较强。只有左侧的无名高地离我们较近，力量相对弱些。三处敌人的火力互相照应配合，形成一个整体。地势从左到右一个山头比一个山头高，且均在敌人的机枪射程之内。一处有情况，另外两处的敌人马上就会开火支援，要夺回阵地，绝非易事。

我决心从易到难，逐个击破，先拿下左侧的无名高地。我把全班四个人分成两个战斗小组，党员郭忠堂为战斗小组长，带领王富贵为一组负责掩护，我自己带领周辅清为一组，向左侧被敌人夺去的无名高地反击。

出发前，我说：“聂政委说过‘好钢用在刀刃上’，这是我们从师警卫连下来的第一场战斗，只能打好，不能打坏，好让首长们放心！”我又叮嘱郭忠堂：“如果我们夺回了第一个无名山头，你们赶快跟上来守住阵地，支援我们去夺回主峰。如果我们牺牲了，你们一定要继续完成任务……”

我出了战壕从左侧摸过去，不料中途被敌人发现了，“嗒嗒嗒！”一阵雨点般的子弹劈头盖脸打下来，打得我无法动弹。

周辅清见我被敌人发觉，他像离弦的箭，主动从右面冲了出去掩护我，顿时敌人的火力转了方向，弹雨向周辅清倾泻过去。我看到战友把敌人的火力引了过去，便从左翼火力薄弱处绕到后面，冲入敌人阵地，把手榴弹扔在敌群中。敌人乱作一团，有的被炸死，有的丢下武器逃命去了。

原来这就是敌人的重机枪阵地，我抓过那挺压制我们营指挥所的机枪，掉转枪口就向逃跑的敌人扫射，一千发子弹一家伙就放完了，我急得向后大喊：“快送子弹来！”

正在后面作掩护的郭忠堂听到后，发现工事里有一箱敌人刚刚运来的机枪子弹。他纵身一跳，搬起弹箱喊道：“班长，子弹来了！”

他扛着子弹飞快跑来。可主峰阵地一梭子弹射来，他猛地摇晃了一下，便栽倒在地。我赶紧跑过去，把他抱在怀里，他嘴角流出丝丝鲜血，已经说不出话来，只无力地指了一指身上的挎包。我轻轻一捏，是师长送的那一小包牛肉干。我明白，他是让我拿去吃了，继续坚持战斗。

我顿时流下泪来。郭忠堂牺牲了，我们再也不可能一起回四川老家，一起去打“牙祭”了……我抓过敌人的另一挺机枪，将万千仇恨倾泻而出，打得敌人如秋风扫落叶。

我们顺利地拿下了第一个山头。第二个山头上的敌人眼睁睁地看着自己的人一片片倒下，却干瞪眼不敢射击，因为我们冲上去后和敌人粘在一起，他们怕误伤自己人，犹豫着不敢开枪。我趁此机会，追在敌人后面，边冲边打，冲了上去，很快又夺回第二个山头。

这时，整个阵地上只剩下我和战友周辅清了。

夜袭敌营

这时已经快到下午六点了，天也黑了下来，暴雨突然倾盆而下。营部指挥所也没派人上来了。四周一片静悄悄的。当时我晓得，营指挥所肯定都撤了。我晓得不可能有人上来了。那时候枪声不响，两边都没有动静了，我反而着了急。我心想，天黑了怎么过呀，敌人要是摸上来，那可够我们对付的。

这时我发现朴达峰山脊上的另一个制高点，还在敌军掌控之中。那个山头地势很高，敌人可以居高临下，充分发扬火力，从而控制我们刚刚夺回的各个阵地，对我方威胁极大。如果我们占据了那个山头，消除了这个隐患，敌人再想从我们手中夺去主峰阵地，就没那么容易了。

可是，那个山头并不在我们的攻击目标之内。我们的任务已经圆满完成，现在固守待援应该是最稳妥的对策，估计天亮了部队就会增援的。但是，敌人正在那个山头抓紧抢修工事，巩固阵地，等他们站稳脚跟加强防守，再去攻取不知要牺牲多少战友呀！

怎么办？现在也不可能向首长报告了。我反复思索着。

这个时候我反而冷静下来。天亮后万一敌军再次发起攻击，我和周辅清区区两个人很难守住阵地。为了夺回阵地，我们已牺牲了这么多人，要是再丢了怎么讲得通？不拔掉这个制高点，明天我们反攻时还要牺牲多少战友啊！

想来想去，我脑中最后只剩下一个念头：这回老子肯定是死定了的，既然要死，老子也要“抓本钱”！打死一个够本，打死他两个就赚了。这回我只想多打死几个美国佬，要够本钱！

午夜时分，我做出了一个大胆的决定：孤身出击，夜袭敌营，去夺回那个最后的制高点。

此时雨下得更大，风刮得更狂。我认为这是夺回阵地的最好时机，决定趁着夜黑风高发起进攻。知道我一个人要去摸敌人的哨，小周也来劲儿了。他抢着说：“班长，我去攻击你来掩护！”

我说：“这是命令，你要留在这里掩护！”其实我心里想，在我面前你还是一个新兵蛋子，让你去摸敌营，我才不放心呢！

我交代周辅清：“敌人如果没有发现我，你就不要开枪；他们发现我了，你才开枪掩护。”

我从阵地上摸黑捡了四个手榴弹，也没袋子放了，往衣袋里一塞就出发了。我要借着狂风暴雨的掩护，先摸下山坳去，再绕道从敌阵地后面攀登上去。

人们常说“上山容易下山难”，那天晚上我真是上山下山都艰难哪！下山时那个松散的尘土有几尺厚，全是山上石头被炮弹炸成的粉粉，一脚踩进去拔不出来。上山时那个山崖被炮弹打中后日晒雨淋，山体都震松了，我下巴都刮出血了。黑暗中，突然看见四个敌人在山顶放游动哨，我紧紧趴在山岩上，等他们一转身时我才又悄悄前进。这个时候要是不小心弄出哪怕一点儿声响，我就见阎王爷了。

暴雨下得更大，狂风更加猛烈，我浑身湿透，衣裤紧紧裹在身上，行动起来更加困难。但我心头却暗暗感谢老天爷帮忙，希望暴风雨越猛越好，这样才能掩护我的行动。

我就这样背着枪，脚踩滑溜溜的岩石，双手紧抠石缝，一点点从悬崖攀登而上。幸好敌人以为我们不可能这么快组织反攻，只把注意力集中到前方阵地，却没想到我会从他们的背后摸上来。

我一步步向山顶靠近。大概离山顶还有三十多米，突然听到“嗞嗞啦啦”的电流声，在暗夜中特别响亮。我仔细一看，在一个黑乎乎的树桩后面，竟然有一个半遮半掩的山洞！那里面正叽里呱啦在响，电流声正是从那里传来的。凭经验判断，这一定是敌军驻扎在山顶上的营部指挥所。

我心中顿时一阵欢喜。要是把这几个鬼子活捉回去，首长一定会好好表扬一番。但转念一想，现在就剩下我只身一人，带俘虏回去谈何容易？那就要死的，不要活的了。我迅速冲到指挥所前，猛地一脚踢开门，举起冲锋枪就向敌人扫射，一个敌指挥官模样的人应声倒地。刚好指挥所门口有几箱手榴弹，我就顺手抓起几颗向指挥所内投去，然后火速撤退。

“轰轰！”手榴弹刚一响，一个美国兵光着上身“哇哇”冲了出来，只穿了条裤头。我看这小子一定还在梦中，跌跌撞撞被吓得半死。后来，我没有开枪，让他白捡了一条命。

这仗打到六月五日凌晨，朴达峰阻击战第七天，主峰阵地还在志愿军手中——不过只在我一个人手中了。

一个人就一个人！此时掩护我的周辅清还在我出发时的那个制高点上，也不知道他是死是活。我也管不了那么多了。上级虽然没有下命令，但我决定自断后路，在这座孤山绝地上战斗到最后一刻。我拣了六七支加拿大冲锋枪，放到右边；拉了两箱半手榴弹，放在左边。这样拿起来更顺手。一切准备停当，就等美国佬来送死。嘿嘿，那时我还真得意——这就叫一夫当关，万夫莫开！

山脚下是一大片树林。很快我发现远处松树开始不断摇晃。松树在摇，说明敌人摸上来要进攻了。我再仔细一观察，有个指挥官在招手，敌人又冲上来了。这是他们的“敢死队”，先上来一个班，最后来了一个排。一见营指挥所被炸了，山下的敌人赶紧派出增援队伍，企图夺回他们丢失的阵地。

他们怎么进攻呢——他们是学日本那套，端起枪直接往坡上冲，“敢死队”也不要命啦！我沉住气，必须距离六十米内开枪，才不会暴露我的位置。因为我甩手榴弹可以甩六十米远，六十米以内的我才用枪打，居高临下一打一个准，还节省弹药。

天完全亮了，敌人展开了更大规模的反扑。我利用有利地势，将成捆的手榴弹和爆破筒扔向敌群，用机枪和冲锋枪轮番向山下扫射。那时山上溃逃的敌人向下奔，增援的敌人向上冲，于是在半山腰挤成了一团，两边又是悬崖绝壁，几百人像热锅上的蚂蚁在那里乱挤乱拥，我的手榴弹不断飞去开了花。敌人有的被炸死，有的被挤下山崖，乱成了一锅粥。

几次激烈反扑后，被我打死的敌人像砌砖垛一样，在阵地前堆起一层又一层，把前进的路都堵死了。敌人进攻时就从他们死去的人身上爬过来，借死人做垛子掩护，朝我放枪。

我独自一人连续打退了敌人数次冲锋，到中午时分所有弹药耗尽，手中只剩下一杆自动步枪了。

孤身血战朴达峰

敌人暂时停止了进攻，可我一点儿也不敢大意。我一个人守着整个山头，顾得了东顾不了西。枪声暂停，我就去山头四周“打搜索”，以防止敌人偷袭。

果然，刚刚转过山头，四个高大的美国鬼子已冲到二十多米远的地方了。我条件反射般喊了一声：“缴枪不杀，志愿军优待俘虏！”——我下意识里还想抓活的呢！几个鬼子一愣，也不知道我身后还有多少人。趁他们一发呆，我一梭子弹就从左到右打了出去，当场打死三个。

最后一个美国黑人离我只有十多米远了。我一个箭步冲上去，把他的枪杆子叉住，对准他一搂扳机，哎呀，枪没响，没子弹了。这个黑人又高又壮，他站在交通沟下面，我在交通沟上面，他居然还比我高一头。我连枪带人把他一下按倒在交通沟里面，我们两个抱着扭打在一起。那天下了雨后，交通沟里全是水，他和我都一身泥了，只看到两颗眼珠子在动了。

我就抱定一个念头：“今天反正是死，绝不能便宜敌人！”忽然，我的手触碰到一颗冷冰冰的硬东西，扭头一看，是一颗美式手榴弹。我抓起来就用嘴去咬插销，打算和敌人同归于尽。黑人见了吓得要命，拼命来夺。一个要把手榴弹往对方背后塞，一个拼命抓住不放，手榴弹“吱吱”地不断冒烟，我就等着那一声巨响。

也许是求生的本能吧，黑人不知从哪儿来的一把子力气，猛地抽出另一只手，不顾一切夺掉我的手榴弹往外一扔，“轰”的一声手榴弹在工事外爆炸了。

我们更紧地扭住对方，在泥水中翻滚，在血水尸堆中恶斗。

我那时有一米八几的个子，而他手臂更长，个头更高，劲也更大。他抓起一块石头就拼命砸我脑门，把我脑门心都砸烂了，鲜血流下来把衣服都染红了。我比他瘦弱单薄，再加上那天战斗了那么久，又没有吃饭，全身实在没劲了。但老子还是一点也不怕他，我想抠瞎他的眼睛，第一把抓滑了，在他脸上抓出四道血印。第二次右手一滑，突然食指被他一张嘴死死咬住了。你问我痛不痛？当时哪儿感觉得到痛呀！我使劲往外扯，他咬住不放，我想挣也挣不脱。右手食指的肉筋被硬生生扯出一尺多长，还是扯不脱。

我们在交通沟里翻滚了好几分钟，衣服把沟里的水都滚干了，筑工事的泥巴都被抓塌了，反正抓到泥巴就糊眼睛，抓到石头就砸脑袋，有啥家伙都朝对方身上招呼。

这个黑人原本就比我体力上占优势得多，但他被我不要命的劲头吓坏了。他竟然忘记去捡枪打我，只知道用石头砸。他用一块溜光的鹅卵石，就像敲木鱼一样，接二连三往我脑壳上砸，砸我时还不松开嘴，还咬住我的手指头，我用一只手对付他两只手怎么行？我慢慢四肢无力，昏昏沉沉，但我不断警告自己，就是倒下了，也要面朝着这个敌人，要防止他偷袭，不能让他跑掉，必须和他拼到底！

黑人大兵见我血肉模糊，还这么不要命和他厮打，这下他不由得发虚了，翻起身来就往山下逃命。那时他彻底占据了上风，轻而易举就能要了我的命，可以说他完全是被我那股宁死不屈的狠劲儿吓倒了，他在心理上早就输给我了。

隐隐约约地，我听到了机枪声。我知道，这是我们部队反攻上来了。那时我已经半昏迷了，但心里还是恨恨地想，不能便宜了这个狗娘养的敌人，你要我死，你也不要想活！等他一跑，我就摇摇摆摆捡起一支枪朝他打——糟了，没打响！这才发现自己扣扳机的右手食指已被咬断了。我立马换到左手，枪响了，他跑了十多米远，还是被我打死了！我也一头昏倒在阵地上，啥也不知道了……

这场肉搏战当中，我的右手食指被敌人咬断，头部负伤达二十四处之多。后来增援部队冲上了主峰，与敌激战至十六时，将敌全部打退，恢复了全部前沿阵地。昏迷中的我这才被战友们救下阵地，转送到了战地医院。

朴达峰阻击战，我带领的七班连续夺回三个山头，歼敌两百余名，缴获机枪五挺、电台一部。我消灭敌人一百余名，打死敌指挥官一名。

六月五日夜，十五军命令：第四十五师向第二线阵地转移，师决定一三四团转为师预备队，防御任务由第一三五团、一三三团接替。

从五月三十日到六月四日的六天六夜中，我们三营在朴达峰击退了美第二十五师的四十多次进攻，以极少的伤亡共毙伤敌两千八百余人，击伤敌机两架，击毁敌人坦克一辆。十五军司令部、政治部隆重奖励给我所在的三营八连一面锦旗，上面写着“出国作战第一功”，这是对英雄八连的最高褒奖。

整个芝浦里阻击作战从一九五一年五月二十九日至六

月七日，打了十昼夜，十五军共毙伤敌人五千七百余人，击落、击伤敌机四架。我们终于粉碎了敌人攻占铁原、金化的企图，破解了“联合国军”快速歼灭志愿军回撤休整部队的阴谋。

敌人不得不承认失败，晚年李奇微在他的《朝鲜战争：李奇微回忆录》中这样描述，志愿军“再次以空间换取了时间，并且在其大批部队和补给完整无损的情况下，得以安然逃脱”。一九五四年，朝鲜战争结束后，作为朝鲜战场上的美军前线总指挥，美第八集团军司令范弗里特接受美国媒体采访时，曾这样评价共产党的军队：“他们都是好样的，很了不起的军人，他们勇敢，纪律性强，视死如归。”

我们胜利完成了志愿军首长赋予的任务。上级本来规定了十天的阻击任务，打到第七天，彭德怀司令员于激动之中就给秦基伟军长发了一封充满感情色彩的电报：“秦基伟：我十分感谢你！彭德怀。”

彭老总对十五军的勉励迅速传遍了部队。在芝浦里地区打得最苦的一三四团的干部和战士们虽然衣衫褴褛，疲惫不堪，但当得知彭老总致电鼓励的消息时，许多人抱在一起，热泪横流。朴达峰战斗是此后上甘岭战役的一次预演和淬火，正是靠这种向死而生、有我无敌的英雄气概，我们四十五师后来才在上甘岭创造了震撼世界的战争奇迹。

几十年后，我们的秦军长回忆起这场阻击战时依然心潮澎湃。他在回忆录中深情地说：“今天，当我回忆起这桩往事的时候，内心也是充满感激之情的。感谢你们，我的好同志，好兄弟，好战友，是你们守住了芝浦里，是你们为全局做出了牺牲，是你们为十五军赢得了荣誉，是你们为祖国人民建立了功勋！”

第五章

全线阻击

燃烧的角屹峰

柴云振的报告作完了，官兵们一片肃然。

他们在军史上看到的朴达峰战斗，只是短短的几页纸；他们在荣誉室看到的朴达峰战斗，只是那枚待领的勋章。他们没有想到，这枚勋章背后，挺立着这些气壮山河的英雄；这次战斗背后，深藏着这段波澜壮阔的历史。

然而在第五次战役中，向死而生的英雄并不止一个柴云振，浴血燃烧的高地也远远不止一座朴达峰。

一九五一年六月四日，当身负重伤的柴云振被抬下阵地时，昏迷中的他并不知道，在整个一三四团、整个十五军，乃至整个志愿军的防御战线上，震撼天地的炮火仍在不断倾泻，千万名士兵仍在浴血拼杀。犬牙交错的战场上，敌我双方纵横穿插，进攻与撤退，包围与突围，反扑与阻击，在朝鲜大地上掀动着漫天惊雷，翻滚着硝烟弥漫的血火之战。柴云振在这一天的战斗经历，只是这条漫长防线上的一个缩影。在他身后，数十万中国人民志愿军将士，同样用生命与敌人进行着血火迸溅的殊死战斗，同样在钢铁防线上挥洒着血性忠诚。

就在第四十五师在左翼的朴达峰战斗进入白热化时，十五军的另一支部队第二十九师在右翼进行的角屹峰战斗同样震撼人心，其战斗之惨烈，官兵之英勇，牺牲之悲壮，构成了十五军在整个芝浦里阻击战中感天动地的战争画卷。他们从白天打到黑夜，再从黑夜打到白天，早就忘记了时间的存在。许多军人只要求在生命逝去的最后一刻，带着身下的这块被称作阵地的土地还属于自己一方的满足而离去……

根据秦基伟军长的命令，第二十九师师长张显扬责令八十六团在东起无名高地至角屹峰、西接朴达峰一线组织防御，坚决堵住口子。同时，以第八十七团作为第二梯队，构筑第二线防御阵地，并积极支援八十六团战斗。第八十五团为师预备队，构筑预备阵地。

此时，二十九师面临的困难和四十五师一样，步兵营以下分队减员率达到百分之五十，大多数连队只剩下五六十人了，甚至有的连队只剩下三十多个人，弹药和粮食基本上都用完了。但面对新的战斗任务，该师指战员一点也不含糊，决心与“联合国军”血战到底，不惜一切代价完成任务。

五月二十九日傍晚，八十六团在角屹峰一线构筑阵地，傍晚前后投入战斗。团党委根据任务的重要性，确定由黄庆昌副团长在二营坐镇指挥。为坚守阵地，黄副团长对二营营长徐德堂强调：做好最艰苦的战斗准备，确保“人在阵地在”。任务下达后，战士们迅速做好了防御战斗准备。

从五月三十日开始，“联合国军”先后由加拿大旅、美军二十五师、美军第三师投入战斗。但在我军顽强抵抗下，美军的多次进攻，均被击退。经过三天三夜激烈战斗，我二营虽然坚守住了阵地，但在敌人强大的火力进攻下，伤亡也非常大。黄副团长不断调整兵力部署，最后将营部勤杂人员都调到了第一线。

战斗越打越激烈。为了保证阵地不丢失，满脸硝烟的黄副团长摇通了团指挥所电话，请求紧急增援。团政委余兆振回答："第五次战役刚打完，兵员不足，来不及补充，你是知道的。现在只能组织好现有兵力，固守主要方向，确保阵地不失。"

黄副团长眼看增兵没有指望，心急如焚，一时不知说什么好了，情急之下冒出一句："阵地丢了，我黄庆昌可不负责。"

他们对话时，师参谋长孙济云正好在余政委旁边，一听到这句话，孙参谋长立即从余政委手里夺过话筒，严厉说道："要把阵地丢了，杀你的头！"

血性十足的黄庆昌二话没说，放下话筒，大喊道："警卫员，跟我走，上前沿去！"

就这样，黄副团长带领两名警卫员，和徐德堂营长一起冲到前沿阵地上去了。黄庆昌虽然性子很急，但在指挥作战中，却表现得非常冷静沉着。他根据团指挥所和师首长的命令，亲临前沿将现有兵力再作调整，坚决抵住敌人的轮番进攻。

六月二日，得知二营确实减员严重，团部为了加强阵地的安全，把三营的两个连增援派到二营阵地上，使角屹峰防御态势得到好转。

六月三日，敌人的两个团在炮火、航空兵的支援下，分三路向我角屹峰阵地进攻，并且突破了我六连一排阵地。这时该排兵力只剩下十一人了。他们高声呐喊"人在阵地在"的口号，一个个跃出战壕同敌拼杀。正在危急时刻，八连一个排利用大雨浓雾掩护穿过密林，突然实施反冲击，才将敌人打退，夺回了阵地，守住了角屹峰。

六月四日，敌人继续对我角屹峰发起轮番进攻，但在二营战士的拼死反击下，敌人始终未能前进一步。到了晚上，经过六天六夜与敌激战，给敌以大量杀伤，二营终于接到上级命令：利用夜幕掩护，迅速撤出阵地。撤出阵地后的二营，从营领导到炊事员，最后只剩下七十多人了。

前线阵地的消息，时刻牵动着第二十九师指挥部首长们紧张的神经。

在朴达峰和角屹峰的前面，有一座非常重要的无名高地。它面前是一条直通铁原和华川的盘山公路，这里一旦失守，必将成为敌人突破我军防御阵地、切断南北联系的咽喉重地。

美军在强大的火力掩护下，沿着盘山公路试图一举夺取无名高地，再向角屹峰、朴达峰发起猛烈攻击。不料，八十六团仅用一个连的兵力驻守无名高地，就让敌人死伤惨重，寸步难行，不但进攻受阻，还连坦克、车辆也毁坏不少，丢弃在公路上。

战况传到张显扬师长那里，张师长十分高兴，立即接通了高地的专线电话，和报告情况的一名战士通话。

指挥所其他人员也都拥了过来，一起关心无名高地的战况。

张师长问："现在情况怎么样？人员伤亡少吗？"

对方回答："请师长放心，无名高地稳如泰山，再大的困难和牺牲我们都能顶下去！"

张师长大声喊道："嗯，好同志！你跟我讲实话，阵地上还剩多少人？"

话筒那端没有回答，只有轰隆隆的爆炸声。在场的师首长们都满怀焦灼地等待着，好一会儿，话筒里才传来那个激动的声音："报告师长，敌人沿着公路对我进行集团进攻，我连多处要点失守，连排干部伤亡过半，剩下的同志正在主峰上阻击敌人……请首长放心，我们一定血战到底，为祖国，为二十九师，血战到底！"

指挥所的同志们都听得热血沸腾，刚从前线赶回来的师政委王新挤进人群，抓过话筒说："这位同志，你是人民的功臣，快把姓名报上来，师里给你请功！"

话筒里传来枪炮混杂的响声，许久才听清回答："我是连队的文化教员，我是从四川出来的学生兵，我叫卫国安。"

一旁的师政治部主任赶忙叫接线员追问，请这位同志报上具体的姓名和籍贯，以便为他请功。

这时，话筒里传来一阵剧烈的爆炸声，接着是惨烈的呐喊拼杀声。卫国安同志发出了最后一句呼喊："再见了，首长，再见，同志们！"

张师长接过话筒，双手颤抖着说不出话来，热泪禁不住夺眶而出。

当后续部队八十七团反击冲上无名高地时，整个阵地上尸横遍野，弹坑累累，几乎所有的战壕都被炮火炸平了。

战士们在一处隐蔽的岩石下找到一名重伤员，他就是被那位文化教员转移掩护起来的。他说，那位文化教员也是临时补充上阵地的，他当时满身血污，一边战斗一边跑到松树下打电话报告情况。按照这位伤员的指点，人们找到了卫国安报告战况的地方，那里已是一个巨大的弹坑，只剩下了一部烧焦的电话。

于是，角屹峰战斗中，又多了一位无法核实姓名的烈士，多了一份永远无法寄出的立功证书。

最终，第二十九师八十六团在芝浦里地区角屹峰六天六夜的阻击战中，共毙伤敌两千五百余名，胜利完成了阻击作战任务。在志愿军各部队的坚决抗击下，美军和韩军在七天的时间里，只不过前进了四公里。

最漫长的防御线

多年以后人们才知道，柴云振所参加的朴达峰战斗，属于抗美援朝战争中的一场大规模战役，它有一个特定的称谓，叫作“第五次战役转移阶段作战”。这是一场人民军队历史上罕见的防御阻击作战，时间之紧迫、形势之危急、战线之漫长都创下了历史纪录。

当第十五军在芝浦里地区和敌人不分昼夜地血战时，第二十军在东线华川方向，第六十三军在西线涟川、铁原方向，同样进行着破釜沉舟式的生死阻击。这几大艰苦卓绝的阻击战汇总在一起，才形成了志愿军整体的防御战线，这道钢铁防线成功地遏制了“联合国军”的猛攻，稳定住了岌岌可危的战局。

在整个志愿军防线上，这场全面对抗已经不仅仅是两支军队的军事对抗，而是信仰与使命的对抗，意志与力量的对抗，荣誉与责任的对抗。从军长到士兵，从战斗班组到首长机关，这条漫长战线上的所有志愿军指战员，都正在经历同样悲壮的战斗，无数像柴云振一样铁血无畏的战士，谱写了可歌可泣的英雄壮歌。

从一九五一年五月二十日开始，“联合国军”的反扑由西而东逐次展开。在志愿军的奋力反击下，美军伤亡惨重。

至六月一日，志愿军全线防御布势基本完成，敌人在东线发起的攻击频频受阻，在西线也是停滞不前。在志愿军和朝鲜人民军一线部队的坚决阻击和反击下，“联合国军”的反扑势头已被遏制。但在涟川、铁原方向上，美军的进攻仍未停止。不甘心就此失败的范弗里特使出了最后解数，在不足三公里的进攻正面上，集中了两个师，在大量航空兵、炮兵的支援下，以整连、整营、整团的兵力，轮番猛攻志愿军第六十三军坚守的阵地，企图夺取涟川两侧的有利地形，中央突破，直插铁原。

志愿军能否彻底阻止敌军的进攻，第六十三军的阻击作战至关重要。

战斗开始的第一天，彭德怀就三次给傅崇碧军长打电话，要求不惜一切代价顶住敌人的进攻，打掉敌军的进攻势头，狠狠灭一灭美军的嚣张气焰。他再三交代说：“六十三军的同志们辛苦了。前一阶段，你们的任务完成得很好。现在又将肩负新的重要使命。美军攻得紧，而我军的战略预备队还没有上来，所以你们要在铁原坚守半个月。”

傅崇碧坚定地说：“司令员您放心，我们一定不会辜负您的期望！”

然而傅崇碧十分清楚，面对“联合国军”不惜血本的进攻架势，以自己缺粮少弹的撤退之师，对阵锐气正盛的机械化部队，六十三军几乎没有任何胜算。美军第一线的攻击兵力已经达到了四万七千多人，平均每公里地段就有七百多人；而六十三军经过连续作战仅剩两万四千余人，平均每公里地段上只有三百七十多人，至于武器装备更是不成比例，粮食弹药也消耗殆尽，部队饥疲交加……

可以说，志愿军坚守防御的每一支部队，都面临和十五军在芝浦里阻击战中相同的严重困难：部队减员严重，粮食弹药匮乏，敌我兵力悬殊。第一八九师因伤亡过重，已经缩编为一个团，由师长任团长……但生死存亡的危难关头，年仅三十五岁的傅崇碧军长同样不提任何困难，毅然决然地表示即使打到剩下最后一个人，也要坚决顶住美军进攻，誓死保卫铁原。第六十三军党委发出指示，要求全体指战员“不怕孤军作战，不怕流血牺牲，发挥独立作战能力，像钉子一样钉在前沿阵地上”。

在朝鲜战场上，志愿军提得最多的一句口号就是“誓与阵地共存亡”。一旦哪块土地被指定为阵地，那守卫者的生命就与它息息相关，换句话说就是“命在阵地就得在”——无论这块阵地是由一个师、一个团、一个营……还是最后一个人来守卫。

第六十三军各师接到命令，于五月三十日冒雨全部进入阵地，抓紧抢修工事，做好战斗准备。傅崇碧军长派干部到各个师、团，要求把彭总的指示迅速传达到每一个指战员，发扬一不怕苦、二不怕死的精神，坚决完成阻敌前进的任务，为全军争光，为中国人民争光！

当时，连整个第十九兵团都已经无兵可调。兵团首长为全力支援作战，从机关抽调五百多名干部、战士补充到六十三军。兵团首长的这一决心立即传达到每一个战士，使他们感受到首长机关对前线的支持和关怀，更加激发出他们血战到底的决心意志。

战斗最激烈的地点在右翼涟川山口地区。美军进攻第一天即投入五个步兵营的兵力，并得到四个炮兵营的支援，气焰极为嚣张。坚守阵地的只有志愿军第一八七师五六一团三营。在兵力悬殊的战斗中，当潮水般的美军涌上阵地的千钧一发之际，突然响起了《大刀进行曲》：“大刀向鬼子们的头上砍去！”许多参加过抗日战争的老兵，在慷慨激昂的战歌中跃出战壕，端着刺刀扑向敌群，与敌人血拼厮杀。他们顶住了数倍于己的敌军十余次进攻，与敌反复争夺，毙伤敌达一千三百余人，为稳定一线阵地起了重要作用。

敌人每天白天在飞机、大炮掩护下攻占了我军阵地，我们在夜晚又组织力量夺回来。铁原南面的山地原来森林茂密，后来在敌机投下的凝固汽油弹中几乎烧光了。我军阵地上日夜听不到枪声，只听到炮弹的爆炸声。铁原以南的半面天空都变成红色，战士们的脸则被硝烟烤成了黑色。阵地之间被互相隔绝，战士们实在太疲劳了，趴在工事里就睡着了，敌人冲到跟前，醒过来又打。

仗打到最后，六十三军几乎到了山穷水尽的地步，傅崇碧军长把军部的警卫连、勤杂人员甚至文工团员都派到了一线运送弹药，自己成了光杆司令，连军部的岗哨都派不出了。傅崇碧晚年编写回忆录时，关于铁原阻击战的篇章，他一字一句地修改了很多遍，却始终没有加入多少感性的描写，只是在结尾处写下了四个“最”字，称这是六十三军有史以来，“规模最大、时间最长、最激烈、最残酷的一场战斗”。

字字浸透英雄血——只有用这种简单的方式，才能埋藏将军心中巨大的伤痛，也才能展示最坚定的战斗意志。

“种子山八壮士”

在这条漫长的防御线上，要阻止高度现代化的敌人依靠机械化优势快速反扑，只有牢牢卡住像朴达峰这样的战略制高点，才能控制沿途公路，迟滞敌人的行动。

于是，无数个生死阻击的“朴达峰”就这样产生了，无数次你死我活的血火拼争，就在这样的山峰一次次上演。

涟川郡的种子山，海拔不过六百四十三米，山脚下的汉滩江和与江面垂直的众多悬崖绝壁交相辉映，风景雄美秀丽。种子山有“求子祈福”的寓意，然而在一九五一年那个血腥的夏天，这个因为繁衍生命而得名的山头，和朴达峰一样成为吞噬生命的地方。

种子山正好面对八十七号国道。只要控制了种子山，在山顶架上几挺重机枪就可以切断整条公路。

傅崇碧军长要用一块连一块的“朴达峰”似的阵地，拖垮美军的进攻节奏，而首战就选在种子山。他命令第一八九师全师分成若干单位，分布在种子山周围的各个阵地上，每一个阵地上配置的兵力火力，都能使其变成一颗插在美军身旁的“钉子”。陷入了不断“拔钉子”作战的美军，不可避免地放慢了前进的节奏。

当朴达峰战斗进入白热化时，种子山的拉锯争夺也到达了生死临界点。一九五一年六月二日拂晓，恼羞成怒的美军再次增加兵力，在志愿军第一八九师正面发起轮番进攻，并调集航空兵，用重磅炸弹轰炸一八九师纵深，全师损失惨重，大多数官兵牺牲在美军的炮火下。由于敌我武器装备悬殊，种子山一度失守。

此时担任预备队的志愿军第一八八师，已经开始进入阵地，准备接防。但由于工事还没有构筑完成，一八九师至少还要在自己的阵地上继续坚守一天。

这一天，注定是最难熬的一天，最危急的一天。大量减员的第一八九师，实在没有把握能熬过这二十四小时了。

就在这一天，傅崇碧亲自下到前线督战，他果断地命令：夜袭被美军攻占的种子山，并死守到最后一刻。

没有强大的火力，没有足够的兵力，志愿军拥有的只有黑夜的优势，神出鬼没的夜袭，历来是他们在朝鲜战场上的强项。这种原始而勇敢的战斗方式，几十年后还令李奇微心有余悸，他在回忆录中把暗夜中响起的中国军号形容为“葬礼上的安息号”。

刚刚爬上种子山的美国大兵，大都历经五六天的苦战，斗志几乎耗尽。入夜，志愿军夜袭突击队兵分两路，从种子山脚下的阵地开始向前摸进。种子山山高路陡，再加上几天前刚下过雨，非常湿滑难爬。

山势太过陡峭，夜袭被敌人发现了，手榴弹的爆炸声接连不断，战士们一跃而起向前冲去。此刻另一分队，也在前山方向同时发起了冲锋。两面遭到袭击的美军，顿时陷入了一片混乱。据第六十三军军史记录，“这一仗，打敌措手不及，歼敌五十余人，收复了种子山阵地”。美军费了九牛二虎之力夺取的种子山，仅控制了不到十二小时就又回到了志愿军手中。

第二天，被彻底激怒的美军卷土而来，六月三日的进攻达到了高峰。美第二十五师主力全部投入进攻，兵分三路，在航空兵密集的火力支援下，以坦克为先导，多路猛攻志愿军阵地。

战斗最紧张的时刻，师预备队全部投入，师、团机关和勤务人员全都补充到了一线。上阵地之前，官兵们都已穿上新衣新鞋、戴上新军帽，谁也没有打算活着回来。前线连队大部分连排干部伤亡，许多官兵在最后时刻，毅然拉响手榴弹，与敌人同归于尽，绝不后退一步。

战至六月三日中午，一八九师所有营、连都已没有了完整的建制，全师人员已不足一个团。为保持部队战斗力，争取更多的防御时间，志司指示第六十三军由坚守防御改为机动防御，要求部队“积极灵活地反击，方达争取时间、消耗敌人之目的。不宜坚守一地”。第十九兵团的杨得志司令员也打电话给傅崇碧：“你们的任务是防御阻击，而不是固守某一阵地，应当允许部队有失有得，失而复得，得而复失，关键是在总体上顶住敌人。”

可是，战事到了这一步，傅崇碧不得不一次次走出险棋。首长们爱护战士，想尽可能地保存战斗力，这完全可以理解。可当战斗进行到最残酷的时刻，保存自己与消灭敌人不可避免地存在矛盾冲突。作为一军之长，他又怎能不爱惜自己战士的生命？可最紧要的关头，有些阵地必须卡住，有些牺牲必须付出。他的心再痛，也只能咬紧牙关挺住。当时傅崇碧不巧得了痢疾，肚子疼得直冒大汗，身心的双重煎熬，使他连路也走不动了，他索性躺在担架上指挥战斗。

六月四日，美军孤注一掷，对第六十三军阵地全线展开波浪式的疯狂进攻，甚至在双方交战人员已经短兵相接的情况下，仍然实施炮击。此时，预备队一八八师接替一八九师防御，继续坚守阵地，与进攻之敌展开血战。许多连队里面的一个班长早晨还是班长，打到了中午当了副连长，因为连队骨干全都打没了。

就在此时，在一八八师五六三团防御的高台山地区，团长马兆民做了他一生中最残酷的生死抉择。晚年马兆民用整整十年时间写下的抗美援朝回忆录《硝烟轶事》（未出版），清晰地记载了这次艰难的生死抉择。

六月五日晚九时，八连阵地上仅剩下了不到五十人，与之相连的一营一连二排的阵地上，只剩下十二个人在顽强战斗。美军骑一师向八连阵地展开疯狂进攻，八连有被合围的危险。如果八连想突围，必须由东侧山头的一连二排作掩护，但一旦八连撤出，美军必定马上包围一连二排，以一连二排十几个人的兵力，背后又是悬崖绝壁，要想在三面受敌的情况下突围是完全不可能的。

谁也不知道马兆民下达这道命令时，内心究竟经历了怎样一番痛苦纠结。最终留在阵地上死守的是一连二排——这就意味着为了保存八连，他将牺牲二排。从马兆民来到五六三团的第一天起，他就是一连的连长。为了大局，他使用了从来没有用过，也不想用的战术原则：保存多数，牺牲少数。

他亲手把培养自己的连队送入了绝境——这种割肉般的疼痛，如同亲人间的生离死别啊！

马兆民曾经与日寇血战八年，早已练就了一副军人的铁石心肠。但那一天，这样一位钢铁汉子却几度落泪。天渐渐黑下来，一连二排的战士已与指挥所失去了联络，没有了任何消息。借着傍晚的余晖远远望去，只能看见阵地上浓烟滚滚，火光冲天。

最后枪一声也不响了，营长来报告说："咱们二排，跟敌人共存亡了。"就这简单的一句话，几十年后面对记者的镜头，九十四岁高龄的马兆民老人一提起来依然连连摇手，哽咽难言。

在志愿军第六十三军抗美援朝的军史上，详细记录了这个排最后的几个小时：两个营的美军把二排包围在一座孤立的山顶上，恰巧天公不作美又下起了大雨。战斗中，大部分战士都牺牲了，最后只剩下了副排长李炳群和其他七名战士。眼见志愿军阵地上火力越来越小，美军黑压压的一片涌了上来。

在副排长李炳群率领下，他们将敌放至二十米处，冲锋枪、步枪一齐开火，连续打退了敌人两次进攻。敌人不甘心，又用炮火猛烈轰击，并把坦克开到我阵地前行直瞄射击。八名战士面对数倍于己的敌人越战越勇，直至弹药用尽，他们抡起刺刀、枪托与敌人顽强搏斗。

美军见此情形大喜过望，从三面围攻上来，叫嚣着"抓活的"。

突围肯定是不可能了。面对蜂拥而上的美军，李副排长对战士们说："我们是'钢铁营''特功排'的战士，不能给英雄连队抹黑，更不能给伟大祖国丢脸，要让敌人知道咱们中国人是硬骨头，誓死不当俘虏！"

八人高喊"胜利属于我们！祖国万岁！"毅然纵身跳下了悬崖。最后有三人被崖下的树枝托住，带伤穿越敌人的封锁，一步步爬回了自己的部队，其余五人壮烈牺牲。

此后几天，五六三团继续在高台山一线战斗，直至六月九日接到撤退命令。全团上阵时一千六百多人，最后撤退时仅剩二百四十七人，伤亡之大是团史、师史上的第一次。全师正是以这样惨重的伤亡，挫败了美军连日长驱直入的进攻锐气，在这个不起眼的小山包前，把“联合国军”的疯狂战车迟滞了整整七天。

许多年后，五六三团一位志愿军指导员回忆起这段历史：“那场仗打完后，最让我动感情的是战士说的一句话。战士说：‘指导员，以后别给我们开什么点名会啊，你就给我们开一个班委会，你看咱连个班也不够了。’战士说完这话，我们的眼泪都流了下来。”

无处不在的生死抉择

在铁原阻击的战场上，同样作出了悲壮抉择的，还有志愿军第六十三军一八八师五六四团团长曹步墀。

一九五一年六月九日下午，曹步墀派出二营五连两个排七十多人，坚守孤山阵地。他把全团最能打的五连放在那儿，足见这个阵地的重要性。这座高度仅有两百多米的孤零零的山丘，四周都是平地，公路在山丘西侧的开阔地上南北延伸，一个连队要想阻挡住美军机械化部队的脚步，几乎是不可能的。

曹步墀仔细观察周围的环境，一个距离不到一百米的水库，让他眼前一亮。面对美第一军的机械化部队，要想迟滞其北进，可以把距离公路不远的水库炸开，造成道路泥泞，迟滞消耗敌人，再组织突击队向敌实施反击，以支援前沿部队打退敌人。

水库闸门的西南方向是大面积平原，闸门一旦被炸开，倾泻而出的水流四处漫延，公路无疑将被洪水吞噬。但是，曹步墀同样明白炸水库的代价：水库炸开后固然能够迟滞美军，但也会把担任阻击任务的五连困在孤山上，难以回撤。

一边是很快推进到眼前的强敌，一边是生死与共的战友，炸还是不炸，曹步墀焦虑万分。

为了志愿军主力部队的安全，最后，五连的勇士们毅然请求上级炸开水库，他们甘愿自断后路。曹步墀命令通信连，迅速接通了一条从孤山阻击阵地到团指挥所的电话线，亲自在电话里指挥。

六月十日一早，十几辆美军坦克开足马力，沿着道路向铁原北部平原挺进。当美军坦克即将通过孤山阵地时，随着“轰”的一声巨响，水库被炸开，洪流瞬间涌向坦克群。美军派出的这支机动部队，就像狂奔的橄榄球攻击手，眼看就要到达目标却被防守方一个抱摔，狠狠打倒在地。

曹步墀“水淹七军”的这一招，让美军怒火中烧。美第一军动用八架战斗机和两个炮兵群，共四十多门重炮，对孤山阵地展开了持续半个小时的报复性轰炸。几轮轰炸和攻击后，美军轰炸机开始向孤山阵地投掷燃烧弹和凝固汽油弹。美军的火力让这座小小孤山顿时变成了“火焰山”。但尽管如此，半天过去，美军的“机甲部队”始终没能前进半步。

志愿军第六十三军军史这样记载：战至下午，五连的工事已全部被敌摧毁，战士们在排长的指挥下，用从敌人尸体上搜集来的枪支弹药，又打退敌人一次进攻。

下午两点左右，借着美军攻击间歇，五连连长与团长曹步墀通话，报告敌人已经反扑五六次了。曹团长命令他一定要坚守阵地，一定要顶到天黑。

五连连长的这通电话，成为前线传回的绝唱。此后，五连与团指挥所彻底失去联系。曹步墀和团指挥所里的所有人，都期盼着时间能过得再快一些，只要天色暗去，不擅长夜战的美军就会暂停疯狂的进攻，转为收缩防御。这样，五连的勇士们，就能在那个点位阻击得更久一些，生还的希望更大一些。

最后，五连只有几名战士幸存下来，他们找回大部队后，对失联后的战斗情况进行了描述：副排长黄庆林，一边射击一边指挥；十八岁的新战士刘常富连续投掷手榴弹，将最前面的敌人一片一片炸倒；机枪手姜明发一口气打出两百多发子弹；战士黄宝林以两支冲锋枪轮换射击……

一支接不到任何命令的孤军，身陷绝境后顽强作战，以至于让原本以为不到一个小时就可以打到志愿军大本营的美军机动部队，竟然在一座两百多米高的小山包前，被迟滞了整整一天。

而为了让志愿军主力部队多争取到一天时间，五连的勇士们毅然选择切断自己生命的长度，长眠在这片异国的土地上。这小小的孤山，让美军永远记住了中国军人的精神高度。

从一九五一年六月一日到六月十二日，第六十三军在涟川、铁原一线进行了为时十二天的阻击，顽强抗击美军四个师的轮番进攻，共歼敌一万五千余人。

在整个第五次战役转移阶段的二十天阻击战中，志愿军和朝鲜人民军共歼敌三万六千余人，有力地打击了美军的嚣张气焰，遏制了敌军猖狂的进攻势头，为稳定整个战场局势做出了重大贡献。

这场生死攸关的大战，最终让野心勃勃的“联合国军”空欢喜了一场。

一九五一年六月十一日，当损兵折将的美国军队终于杀进铁原城之后，才发现这里只剩下一片被自己的远程炮火摧毁的废墟。而在铁原城的北部，已出现了一道志愿军的稳固防线。这正是志愿军主力部队用一场铁血阻击换来宝贵时间，重新构筑的一道新防线。利用阻击战获得的休整，志愿军将很快有能力组织大规模的反击，到那时已经筋疲力尽的“联合国军”，必将处于不利地位。

“联合国军”和韩国军队已经筋疲力尽，于是就在这一天，就任“联合国军”总司令两个月的李奇微不得不下达命令：暂停超越铁原一线发动攻击，全线就地转入防御。双方在“三八线”附近重新形成相持状态。

敌人以阵亡数千人的代价争夺了几座山峰，但并没能改变任何局面。如果最后真有什么改变，那就是他们不得不对志愿军和朝鲜人民军的力量重新作出评估，彻底破灭了占领全朝鲜的幻想。经过七个多月的激烈较量，中国人民志愿军和朝鲜人民军联手给“联合国军”扎扎实实上了一课，不但把敌人从鸭绿江畔打回到“三八线”，整整打退两百多公里，还彻底挫败了“联合国军”在中朝军队侧翼登陆包抄的阴谋，使其不得不转入战略防御，最终确定与中朝方面进行谈判，以结束战争。

抗美援朝战场上，从十五军血祭芝浦里，到六十三军的铁原保卫战，从柴云振到千千万万的战斗英雄，任何一场战斗中，只要还有一个人在就绝不退缩，战士们哪怕身陷绝境，也坚守战斗岗位，慷慨赴死。这充分展示了这支军队敢打必胜、血拼到底的大无畏气概。这次防御作战任务完成后，彭德怀司令员高度称赞官兵们打出了军威，打出了中国人的志气，并深情地说：“祖国人民忘不了你们，祖国和人民感谢你们！”

这是一场需要英雄、也诞生了英雄的伟大战争。中国人民志愿军同朝鲜军民密切配合，首战两水洞、激战云山城、会战清川江、鏖战长津湖等，连续进行五次战役，此后又构筑起铜墙铁壁般的纵深防御阵地，实施多次进攻战役，粉碎“绞杀战”、抵御“细菌战”、血战上甘岭，创造了威武雄壮的战争伟业。

全世界都在这场看似并不势均力敌的决斗中，重新认识了中国军人的血性铁骨。然而，对于那些当年浴血厮杀的对手来说，他们实在无法理解志愿军身上那谜一般的“东方精神”：这些人到底为什么听到冲锋号一响，就冒着枪林弹雨漫山遍野地冲锋，任凭刀山火海也阻挡不了他们前进的步伐？

有一位志愿军老兵回忆，抗美援朝前人民军队长期实行供给制，还没有实行军官薪金制。部队入朝时，给每名营级干部发了十五块钱，但一过鸭绿江大家都扔了，“都不准备回来了”，他们心中早就作出了生死抉择。

“不准备回来了”，简简单单的一句话，道出了多少人踏上战场时的心声，也是前面那个问题的原始答案。就是这平凡朴实的一句话，道出了向死而生的英勇决绝，诠释了一往无前的英雄气概，成为无数志愿军将士血性胆魄的生动写照。正是靠着这种大无畏的气概，他们，千千万万在朝鲜战场上英勇顽强、浴血奋战的志愿军官兵，用意志比拼意志，以精神战胜精神，赢得了包括敌人在内的世界的尊敬。

那么，在这支长长的英雄队伍里，到底蕴藏着怎样的胜战密码？到底是什么样的力量塑造了数不清的柴云振？

第六章

英雄背后的秘密

重寻柴云振

人类自从诞生了军队，生死存亡的激烈碰撞，你死我活的终极较量，无不以最极致的方式考验着军人的战斗意志。古往今来，那些名扬青史的沙场精兵，那些叱咤风云的雄师劲旅，无不视荣誉为军人永恒的生命。在枪林弹雨的朝鲜战场上，面对气焰嚣张的强大敌人，志愿军将士到底凭着一种怎样的信念力量，铸就了这支军队的雄风浩气？又到底凭着一种怎样的理想追求，造就了一次次不可思议的战争奇迹？

一个同样源起于勋章的故事，可以提供一种启示。

一九五〇年冬天的长津湖，成为美国军人刻骨铭心的地方。第二次战役担负东线作战任务的志愿军第九兵团，在这里与美军第十军展开激战。

这一年长津湖一带普降大雪，遭遇了历史上罕见的酷寒。在零下三四十摄氏度的冰天雪地之中，一场超越人类生存极限的残酷对决之战打响了。这场史诗般悲壮的战斗，是一次精锐与王牌的交锋，更是一次装备与意志的较量。美军陆战一师师长史密斯后来忍不住感叹道：“长津湖战役是钢铁部队在和钢铁人作战。”

一九五〇年十一月二十九日，志愿军第二十军五十八师一七二团三连的连长杨根思率领一个排，扼守一处咽喉要地小高岭，对号称“王牌军”的美军陆战第一师实施阻击。敌人猛烈的炮火如犁地一般，把小高岭炸成一片焦土。杨根思和战友们以“人在阵地在”的英雄气概，连续打退敌人八次疯狂进攻。战斗到最后一刻，杨根思抱起炸药包纵身冲向敌群，与四十多名敌人同归于尽。

战斗结束后，战友们在整理杨根思的遗物时，发现了一枚紧紧包裹着的全国战斗英雄表彰大会纪念章。那是一个月前，他在北京中南海怀仁堂举行的英模表彰大会上获得的。这次大会刚一结束，杨根思就和战友们毅然奔赴抗美援朝前线。一个月后，他牺牲在朝鲜战场，这枚珍贵的纪念章还带着他身上的余温。

杨根思用生命回报了党和人民给予他的崇高荣誉。就在英雄血洒疆场的地方，一九五二年五月九日，志愿军总部专门举行“杨根思连”授旗仪式，人民军队历史上第一支以英雄名字命名的连队光荣诞生。

今天，杨根思的雕像高高矗立在营区，基座上镌刻着他最后的誓言：“不相信有完不成的任务！不相信有克服不了的困难！不相信有战胜不了的敌人！”几十年来，“三个不相信”精神早已深深融入人民军队的英雄血脉，激励着无数官兵继承红色传统，赢得更大荣誉。

在朝鲜战场上，志愿军将士就是以这样令敌人胆寒、让天地动容的血性顽强，以“钢少气多”力克“钢多气少”，谱写了惊天地、泣鬼神的雄壮史诗。他们冒着枪林弹雨勇敢冲锋，顶着狂轰滥炸坚守阵地，用胸膛堵枪眼，以身躯作人梯，忍饥受冻绝不退缩，烈火烧身岿然不动。在生死存亡的最后关头，官兵们心中只有一个信念：我们的身后就是祖国，为了祖国的和平，我们不能后退一步！

抗美援朝战争，是第二次世界大战结束后，第一场大规模的国际性局部战争，双方投入战场的兵力最高达三百多万。抗美援朝战争的伟大胜利，是上百万志愿军官兵用生命写就的壮丽史诗。志愿军的行列中，先后涌现了杨根思、黄继光、邱少云等三十多万名英雄功臣和近六千个功臣集体。这样一个令人惊叹的数字，足以铭记我们这个民族曾孕育过多少英雄儿女，足以铭记我们这支军队曾锻造出怎样伟大的精神。

在这部浩如繁星的功臣史册上，每一个名字都浓缩着可歌可泣的光辉功绩，每一枚勋章都镌刻着感天动地的不朽传奇。然而，在三十多万名志愿军英雄功臣中，我为什么独独对柴云振这样一位普通士兵的经历产生了兴趣？

说起来，这是一次极其偶然的邂逅，但又似乎蕴藏着我与老英雄必然的相逢。

多年以来，我对抗美援朝战争的研究兴趣从未消减。记得那是二〇一〇年十一月的一天，我从凤凰卫视《冷暖人生》栏目看到一期节目，讲述一位志愿军老兵在抗美援朝战争中，一天之内连续夺取敌人三个山头，立下赫赫战功，但受伤之后与部队失去联系，直到隐姓埋名几十年后，才终于被老部队重新找到，领回了迟到的勋章。

这期节目主人公的故事震撼人心，九曲回肠，尽管我只是无意中看到，但仍然一下就被深深地吸引了。当节目出现对老英雄的采访时，他竟然说一口地道的四川话，这更使我兴趣倍增。上网一搜索，原来他就是闻名四川的抗美援朝战斗英雄柴云振。

记忆的闸门瞬间被打开，遥远的往事逐渐清晰起来，一时间我恍然大悟：哦，原来是他！

今天的人们无法想象，在二十世纪八十年代中期，柴云振在我们家乡那一带曾经产生过多么巨大的轰动效应。一个小小的岳池县，竟然发现了这么一位全国闻名的大英雄，还引起了党和国家最高层的关注，中朝两国领导人都曾表彰接见他，柴云振带来的荣耀不只震惊了岳池县，在整个四川省，他的名字都如雷贯耳。

我清晰地记得，很长一段时间内，柴云振都是家乡父老津津乐道的传奇。他的英雄事迹连续出现在全国报刊、广播电台、电视台中，当地政府组织人员整理编写了他的个人传记，八一电影制片厂赶到岳池拍摄关于他的纪录片，中央电视台播出了以他为原型的电视剧……由于我的老家四川射洪市距离柴云振的家乡岳池县不过一百多公里，我们家乡那一带对他的事迹更是印象深刻。即便今天提起柴云振，连我年近八旬的农民父亲都记忆犹新："柴云振谁不知道，岳池县的抗美援朝战斗英雄嘛！"

看到凤凰卫视的节目后，我在震撼之余也感到有些惭愧。那时我在成都军区政治部文艺创作室当专业作家兼《西南军事文学》杂志编辑，作为一名军队作家，竟不知道柴云振这么著名的战斗英雄，而且他就在我们成都军区辖区内。我当即决定，尽快申请赴岳池采访柴云振。

我之所以下定决心进行这次采访，并不仅仅因为柴云振是从我们家乡走出来的大英雄，也不是为了去挖掘一个曲折的传奇，或去完成一次迟到的探秘，更重要的原因是，这些谜题一直在我心中萦绕不去：一位在朝鲜战场上只停留了两个多月的志愿军战士，如何在一天的时间里完成了军人最辉煌的冲锋？一位肉身凡胎的普通士兵，如何在被炮火熔化的山头挺立天地，孤身阻击了汹涌而至的敌人，缔造了令人难以置信的战斗功绩？

关于波澜壮阔的朝鲜战争，世界各国出版了浩如烟海的图书，有的从政治角度去分析战争为什么最终爆发，有的从技术角度去研究战争形态的现代演变，有的从军事角度去总结参战各方的胜败得失。但是所有这些图书似乎很少与真正的普通人有关。当纵横捭阖的统帅在战争棋盘上运筹帷幄时，很少有人明白，无数普通士兵到底如何影响了战争的进程和结局。

我想做的，就是通过柴云振在那场战争中的真实经历，去挖掘一名志愿军士兵的心路历程，以及无数这样的普通战士能够爆发出惊人潜能的原因。

于是我踏上了重新寻找柴云振之路——如果说一九八四年是对柴云振的一次现实寻找，那么这一次我要进行的则是一次精神探源。

去见英雄

这是一趟开始得并不顺利的旅程。

出发之前，我没有柴云振的任何家庭住址和相关信息。我以为像他这样著名的战斗英雄，可能在某个干休所休养。我找到军区政治部干部部老干部处的同事询问，他们回答说："按照国家和军队的相关规定，一九四九年九月三十日以前入伍的只有师职或者行政十四级以上干部，以及与其职、级相当的干部，可以离休。你说的这位老英雄复员时职务只是班长，不在我们管辖的范围之内，可以到他家乡所在地问一下。"

经过层层周折，我最后打听到当地政府已按十八级离休干部待遇，安排柴云振在岳池县城休养。我试图通过岳池县文联联系采访事宜，结果一位负责人有点冷漠地说："柴老这些年接待的作家、记者太多了，从（二十世纪）八十年代到现在就没断过，一般不会再轻易接受采访，建议您来之前要慎重，不要到时候白跑一趟。"

这位同志似乎说得有几分道理。我和柴老从未谋面，他几十年前就已是一位"名人"了，还愿意接待我这样一位陌生作家吗？

最后，我通过组织程序联系上岳池县人民武装部。县人武部的王政委是位热心的同志，一听来意立即热情表态：“欢迎王老师来采访，柴老不仅是十五军的英雄，也是我们成都军区的英雄，是全军的战斗英雄，我们一定支持配合您的工作。”

为了这次期待已久的行程，我尽量做足了案头准备工作，认真研究朴达峰战斗的来龙去脉。而研究越是深入，这场战斗的重要性越是让我吃惊：抗美援朝战争中，从柴云振参加的朴达峰战斗到芝浦里阻击战，再到整个第五次战役转移阶段作战，这是一场从小到大、由点及面的庞大战役，也是一场牵一发而动全局的复杂战役。如果不了解整个战役的大背景，就不可能明白朴达峰战斗的重大意义，以及柴云振在关键时刻发挥的重要作用。

多年的采访经验告诉我，如果不提前熟悉采访者的人生经历，那将是一场蜻蜓点水、浮光掠影似的行程，注定无法和采访对象进行深层的对话和沟通。

到达岳池县那天已是日暮黄昏，通过县人武部王政委的联系，我先单独约见了柴云振老人的大儿子柴兵荣，想事先了解一些外围情况，以便和柴老作更深入的沟通。

暮色之中，我们在岳池街头的一家小餐馆见了面。这是一位朴实诚恳的中年男子，一进餐馆四座客人都向他热情地打着招呼，看得出他在这座小县城的“知名度”不低。他坦诚地告诉我，这都是沾了爹的“光”，因为有一个“英雄老汉”，认识他的人就比较多。

那一晚，聊起父亲柴云振，柴兵荣说得最多的一句话是“一辈子很善良，太老实了”。我们渐渐熟络起来，他说起这些年家庭经历的艰辛困难，似乎一言难尽。由于家中子女众多，柴家的生活一直捉襟见肘。柴云振虽然是个干部，可家里饭桌上几乎很难见到荤腥。只有到了春节，才能吃上一顿“见着油花的饺子”。家中大一点的孩子下午一放学，就先去地里捡别人刨剩下的土豆回来当晚饭。柴兵荣对童年最深刻的记忆，就是饥饿。当时家里买不起布给几个兄弟姐妹做衣服，他的母亲就买尿素袋染色拼接，柴兵荣的裤子经常印着“含氮量”的字样，为此没少被同学嘲笑……

柴兵荣告诉我，跟着父亲吃苦倒不算啥，但由于他几十年来一直难改军人脾气，复员回乡后“就没有走过运”，创造了当干部“五上五下”的纪录，而且当的“官”越来越小，直到连大队长都干不成了。二十世纪六十年代初，他调任罗渡区新民公社当党委副书记，发动群众搞生产自救，因多划了责任田，又指责个别负责人瞎指挥，被撤职回乡当了农民。他一次次挨斗受批，撤职下放，“铁饭碗也变成了泥饭碗”。“文化大革命”中，父亲因为不愿参加派系斗争，引得两派都不满，把他打成“走资派”进行批斗，最后连残废医疗补助费都给取消了，让原本困难的家庭更是雪上加霜。

但在柴兵荣眼里，父亲把坚持原则看得比命还重要。虽然“五上五下”，但很少见到他怨天尤人，永远都是一副压不垮、击不倒的铮铮铁骨。

采访还没开始，柴云振的许多故事已令我大感意外。我正想仔细询问一下老人家几十年来的生活际遇，柴兵荣一声叹息，只是沉沉地提醒我一句：“王作家，明天你采访我父亲，啥都可以问，就是少提三年困难时期，我那位因患病无钱治疗死去的妹妹……那是我父亲心头一辈子的伤疤……”

看着这位欲言又止的汉子，我对他父亲的人生更加充满了好奇。

看来，柴云振在战场的一天与在家乡的一生相比，显然不是同一种模式。战争的磨炼告一段落，而生活的考验才刚刚开始。为国赴死易，矢志不渝难。战场上的血勇忠诚固然壮烈，但所有人都知道确定的结局；人世间的磨难有时更残酷，它为你准备的东西叫作“没数”，没有人知道坚持到底有多少意义。

直觉告诉我，这是一个有故事的人。于是，我更加期待走近柴云振，走近一位英雄沧桑的内心。

然而，也许是此前联系采访时，岳池县文联那位同志有点泼冷水的提醒，无形中给我增加了一些压力。我对这次采访到底能否顺利进行，心中其实根本没底。毕竟，柴老几十年前早有盛名，老人家见识过多少大人物，经历过多少大场面啊，他能够配合我这次有些冒昧的登门造访吗？

然而，第一次见到柴云振老人，就彻底打消了我心中的顾虑。

在县人武部王政委的带领下，我们来到了柴老的家。完全没有想到，他是那么温和的一位老人。几个月前，他刚刚遭遇一场意外事故，导致腿部骨折，因为已是八十五岁高龄，医院不敢轻易进行手术，所以恢复得很慢。老人一见我进门来，就拄拐努力想从沙发上站立起来，我赶紧上去扶他坐下。他抓住我的手亲切地说：“小王啊，我们是战友，感谢你那么远从成都来看我啊！”

老人家一句“战友”的称呼，令我倍受感动，我们之间的距离一下消弭于无形。这位精神矍铄的老人，分明就像一位慈祥和蔼的爷爷，或者隔壁邻家的叔叔伯伯，哪里

柴云振抚摸着勋章。

像是曾经血战沙场、威名远播的孤胆英雄啊？

老人的家简朴而整洁，房子没有奢华的装修，却保持着军营似的井然有序，阳台上一盆盆花草，像整齐列阵的士兵。客厅最显眼处，摆放着他的老部队、空降兵第十五军赠送的几件纪念品，看得出这是他很珍视的礼物。他的目光平和坚毅，说话从容和缓，随时给人一种沧桑历尽、静水深流的力量感。

柴云振老人一见面就善解人意地说："小王啊，我没有上过学，文化知识少，如果说不出什么有用的东西来，请你不要见笑啊！"

老人家不是故作谦虚。他童年时由于家里太穷，没有念过几天书，复员时在部队的最高职务是班长。整个采访过程中，他确实讲不出什么高屋建瓴的大道理，都是自己亲身经历的直接感受。然而正是这种质朴真实的力量，比很多大道理都更有穿透力，他许多直白真诚的话语都令我印象深刻。比如，采访一开始，我就问他，在农村苦了三十多年，为什么不去找老部队，找回属于自己的荣誉和待遇？他只是默默地抽着烟，好久才用四川方言平淡地说："当兵就是打仗，就是要消灭敌人嘛。负伤了不能去打仗了，当然就回家种地了，当兵前也是种地的嘛！"

老人的话总说得平平常常，但一掂量起来，却总是分量很重。比如他讲，直到一九八四年老部队找到他以后，他才得以见到自己当年在朴达峰阻击战时的八连连长万福来。"那时战事太紧张了，连队兵员变动频繁，临时加入某个连的突击队是常有的事。有时一天之内连长、排长要换好几次，因为他们在战斗中永远冲在最前面，我的好几个连长连一面也没有见上，就都在战场上牺牲了。"

就是这些直截了当的话语，这些近于白描的讲述，一次次触动我的内心。在接下来的十多天时间里，为了梳理这名普通士兵在朴达峰战斗中一天的经历，我跟随他的记忆重返那烽火连天的战争岁月，记录他几十年的人生风云，直到我终于领悟他们那代人的忠诚、执着，以及苦难与荣光、平凡与伟大……

“不上英雄榜，便涂烈士碑”

沧海桑田，岁月如歌。

今天，空降兵军（原第十五军）军史馆里，仍然珍藏着一面密密麻麻签满名字的战旗，上面绣有“抗美援朝，保家卫国”八个大字。这面旗帜见证了志愿军第十五军誓师出征的历史时刻。柴云振入朝作战的经历，就从这次不同寻常的誓师大会仪式讲起吧！

一九五一年三月十五日，河北邢台地区沙河县城，一支支志愿军队伍，正从四面八方向广场集结，第十五军四十五师抗美援朝誓师大会，即将在这里隆重举行。

鲜艳的红旗迎风飘扬，嘹亮的战歌响彻天际。“坚决打好出国作战第一仗！”“为祖国争光！为毛主席争光！”“抗美援朝，保家卫国！”的标语分外醒目，各种口径的火炮昂首列阵，威严凛冽地指向天空。

战士们全副武装坐在背包上，等待着一个庄严时刻的到来。

二十六岁的柴云振，就心潮澎湃地端坐在他们中间。

在人民军队英勇奋战的进程中，誓师大会仪式历来是宣誓决心意志、坚定必胜信念的重要方式。柴云振这些年随部队征战南北，参加过许多次誓师出征仪式，但这一次他的心情分外激动。

和所有战友一样，柴云振对即将踏上的那个国度充满了陌生感，他甚至不知道它在哪里。但全军上下早就发动起来，发出了“坚决打响出国作战第一炮”的号召，军机关还制作了一面红旗，营以上干部和党员代表都踊跃在旗上签名，表示请缨出征的决心。各部队喊响了“立功光荣”“立国际功”“立功去见毛主席”的口号，掀起了“人人争头功，个个当英模”的热潮，激发出参战官兵的旺盛斗志和高昂士气。

在激昂的军歌中，誓师大会终于开始了。

师政委聂济峰宣读了入朝作战命令，满怀激情地号召全体指战员团结一致，英勇奋斗，为祖国增光，为毛主席增光，坚决完成抗美援朝出国作战的伟大任务。

秦基伟军长的讲话慷慨激昂，他带头宣誓，在朝鲜战场上，自己的名字“不上英雄榜，便涂烈士碑”，号召全体同志发扬中国人民解放军的光荣传统，英勇作战，不怕牺牲，做一个国际主义的英雄，“为保卫祖国、保卫世界和平，就是马革裹尸，也是绝顶光荣”。

将无贪生之念，士有必死之心。秦军长掷地有声的讲话不时被波涛般的掌声和口号声打断：

“祖国万岁！”

“誓死保卫祖国！”

“誓死打败美国侵略者！”

最后，崔建功师长带领全体指战员向祖国宣誓。柴云振紧握拳头，和战友们一起庄严宣誓：

“我们是中国人民志愿军。为了反对美帝国主义的残暴侵略，援助朝鲜兄弟民族的解放斗争，保卫中国人民、朝鲜人民和全亚洲人民的利益，我们志愿开赴朝鲜战场，与朝鲜人民军并肩作战。为消灭共同的敌人，争取共同的胜利而奋斗……”

这气势如虹的钢铁阵容，这响彻长空的铁血誓言，是鼓舞战斗精神的冲锋号角，点燃了柴云振心中熊熊燃烧的火焰，激扬起热血澎湃的豪情。许多年后，已到耄耋之年的他，还能清晰地回忆起秦军长那句“不上英雄榜，便涂烈士碑”的英雄誓言，可见这句坚定的誓言在战士们心中激起多么巨大的波澜。十五军指战员纷纷主动请战，志愿书、保证书和要求打头阵当先锋的决心书如雪片一般飞来，各师、团开展一系列签名、挑战应战、互相献旗活动，基层连队的各班、战斗小组和个人都制订了立功计划。

在一片求战声中，曾经出席过全国第一届全军英雄模范代表大会的独臂爆破英雄柴学久、白衣战士杜希良、智勇双全的战士王学智，一再表示决心：坚决打好出国作战第一仗，争取荣立国际功勋，再上北京去见毛主席。

军文工团十六岁的女战士汪宜婉在给父母的信中写道：“亲爱的爸爸妈妈，我就要跨过鸭绿江参加保家卫国的战斗了。你们有十个女儿，就为祖国奉献一个吧！”

二十九师八十五团四连的高春旺班给毛主席写信，表示要在抗美援朝战争中创立新功，为国争光。入朝不久，该班收到了毛主席办公室的回信，信上说：“毛主席希望你们英勇杀敌，保卫祖国，保卫世界和平，光荣立功。”这封回信，使部队受到极大鼓舞。

为了祖国不惜血染战旗，官兵们的情绪越燃越旺。柴云振也刺破手指，写下血书以示杀敌报国的决心，并和战友们一起在连队出征的大红旗上写下自己的名字。

到处是激荡人心的战斗宣言，到处是厉兵秣马的热血场景。从接到北上集结命令，到誓师出国作战，为了这一刻的到来，柴云振和战友们已经准备了四个多月。

自从出国参战的任务请领下来后，什么时候开赴朝鲜战场并没有明确通知，中央也没有明确指示。十五军于是在等待中积极地做着入朝准备。

部队的思想政治动员和教育工作一刻也没有放松。军、师领导和政治机关干部深入基层，组织部队学习关于“帝国主义和一切反动派都是纸老虎”的论断。通过学习，广大指战员认识到，抗美援朝战争是美帝国主义强加给中国人民的，是在我国安全受到严重威胁的情况下被迫进行的，是一场反侵略的正义战争。我军虽然装备低劣，但指战员久经战争考验，作战勇敢，吃苦耐劳，富有创造和牺牲精神，只要我们坚决贯彻毛主席的军事思想和作战原则，紧紧依靠中朝两国人民，克服一切困难，就一定能够赢得战争的胜利。

十五军逐级对部队进行了临战动员，主要针对敌我武器装备悬殊的情况，采取算账对比的办法详细说明了我军必胜的原因，纠正对美军过高的估计，打消官兵中存在的顾虑，激励部队的战斗意志。

面对世界上最强大的头号敌人，志愿军上下利用可以挤出来的一切时间，对指战员进行深入的教育动员。彭德怀司令员在志愿军出动作战前，就要求各级领导干部要树立必胜的信念，并对敌我双方整体的优劣进行了对比，他的阐释令人心悦诚服。他说，美军空军在朝鲜占有优势，坦克和炮兵暂时也占有优势，这是敌人比我们强的地方。但是，美国的优势“并不比人们想象的那样可怕”。空军不能决定战争的胜负，同时空军也有它的困难。而且，美军还有许多不利条件，“美帝国主义者远涉重洋作战，补给运输困难，来回一次，即需时三十八天”。

在战术方面，彭德怀要求志愿军运用灵活机动的战略战术，克服暂时的困难，取得战争的胜利。志愿军战士“坚决勇敢，敢于近战，用炸药，拼刺刀，投手榴弹，这些都是敌人害怕的”，“只要我们把工事和伪装搞好，力求疏散隐蔽，仍是可以停止敌人进攻，取得胜利的”。

从最高指挥员到基层官兵，上上下下都发动起来了。十五军虽然久经战火锤炼，打败了日本鬼子，又打跑了国民党，在血火考验中积累了宝贵的战争经验，但抗美援朝毕竟是一场完全不同的战争。此次出国作战，作战对手强，作战条件差，作战环境新。十五军教育广大指战员，虽然从战略上讲美军是一只“纸老虎”，但实际上仍要当“真老虎”来打。

为了打好出国作战第一仗，十五军组织了入朝见习团，向先期入朝的志愿军第三十八军、三十九军、四十军学习。四十五师师长崔建功带领一三三团孙家贵团长、一三四团段成秀团长、一三五团邓铁鹰团长前往友军处学习。他们不但听了经验介绍，还亲身体验了实战中的一些做法，带回来许多具有针对性的经验。首长们认识到美军火力强，但有可利用的弱点；虽有空军优势，也有可乘之机；而且美军步兵战斗力弱，怕近战、怕夜战、怕截断退路，对道路依赖性强，利于志愿军各个击破。

根据崔师长从前线带回来的经验，柴云振和战友们一起投入了紧张的临战训练之中。柴云振记得，由于那时战士们的文化素质普遍都不高，崔师长回来后给大家讲“美军脾气”，讲得深入浅出，十分形象。美国是发达国家，美军打仗用的是加法战术，一千发炮弹打不下来，就用一万发。但美国再富也是有限的，炮弹虽多，但浪费也很惊人，一旦陷入无底洞，赔本的买卖它也做不久。美国鬼子善吓人、怕近战。你越怕，它越恶；你越狠，它就越怕你。经过教育学习，部队了解了美军特点，消除了心中关于美军的神秘感，进一步增强了对美军作战的胜利信心。

部队集结后接收新装备时，新来的火炮车辆上还涂着黄油，开封后擦拭完毕就很快投入训练。他们主要对美军的火力运用、兵力部署、攻防战法、战斗意志等方面进行了分析，在此基础上有针对性地进行技术训练、战术训练和防空、反坦克训练。通过一段时间的强化训练，部队的技战术水平提高很快，连以下分队的战术动作比较熟练，战士们对“首战必胜”充满了信心，能以高昂的士气开赴朝鲜战场。

这不仅是一场战斗精神的比拼，也是军人智慧的较量。深入的思想政治动员，扎实的军事训练准备，不仅调动了部队的战斗情绪，也为部队出国作战奠定了坚实的战备基础。

“不是冤家不聚头”

这是一场充满未知的战争。

远在大洋彼岸的美国军人，同样对朝鲜满怀陌生，同样也在琢磨对手。

很多美国大兵开赴朝鲜之前，根本不知道它在地图上的哪个洲。一九六七年一月，已经年过七旬的李奇微在写下回忆录的第一段话时，仍对这场突如其来的战争感到百思不解：“在朝鲜战争爆发的那一刻，我们发现自己头一次，连一周的时间都没有就陷入了一场远在世界的另一端、我们的人民既无法理解也感知不到的战争。”

早在踏上朝鲜战场的二十多年前，作为军人的李奇微就曾来过中国。可即便是这么一位和中国打过交道的美国将军，也并不了解他要与之交手的对手的情况。美国情报部门递交的报告里，仍然坚称中方的指挥官叫林彪，甚至连李奇微的前任麦克阿瑟也这样认为，对手的空军是零，坦克是零，连炮兵也只是零零星星，若隐若现。添油加醋的美国媒体更是极尽渲染之能事，把中国军队描述得如同从大草原腹地骑着马杀出来的游牧部落一样野蛮落后。

美国人无论如何也不敢相信，这样一个千疮百孔、百废待兴的国度，怎么敢和世界头号强国展开较量。对于这种西方式傲慢所付出的代价，直到几十年后，李奇微在他的回忆录中才不得不承认："的确，在判断朝鲜形势时，我们过于看重对敌人意图的理解，而忽视了我们所了解的对手的实力。"

虽然对志愿军的印象如此模糊，但以美国为首的"联合国军"发动朝鲜战争的目标却很清晰，那就是要向全世界证明自己将不惜使用武力手段，遏制共产主义势力在亚洲的蔓延扩张。

一个国家的意志与力量是由芸芸众生汇聚起来的。任何一个国家的英雄模范都是时代精神的结晶，是民族的集体记忆。如果我们抛开那些意识形态的宏大话语，而只专注于挖掘英雄故事背后的逻辑力量，找出英雄人物与普通大众同宗同源、血脉相连的精神实质，那么我们往往更能从一个时代的侧影中，以横跨中西的视野洞察朝鲜战争的一些内在秘密。

假如时光能够倒流，假如历史能够重来，美国人能够深入当时的中国社会，能够了解千百万柴云振在誓师出征时的真实想法，他们也许就不会那么坚定、自信了。

一九五〇年，朝鲜战争爆发时，柴云振正穿行在贵州毕节的崇山峻岭中，四处搜寻土匪的踪迹。他所在的十五军以团为单位，分散在川、滇、黔、康边境七个军分区范围内，纵横共约五百公里的地区，执行剿匪任务。

二野部队南下西南地区后，为了加强地方党政建设，多数部队都兼了地方军区或警备区的任务。但十五军没有兼任建设地方武装或党政机关的任务，完全还是野战结构，保持着灵活机动的战斗性能，全力投入剿匪。随着全国解放战争结束，人民解放军除担负剿匪作战任务外，大部分部队还承担了繁重的生产建设任务。

在整个人民军队的序列中，当时的十五军还是一支年轻的“新部队”。这支在太行山成长起来的野战纵队，就是一九四七年八月组建的九纵，后来改建为十五军。这支部队虽然年轻，但成长很快。从无到有，从小到大，一路渡河南征，挺进豫西，逐鹿淮海，解放两广，剿匪西南……风雨兼程，出生入死，都以一个“打”字贯穿始终。

一九五〇年六月二十五日，朝鲜大规模内战全面爆发，美国杜鲁门政府立即决定进行武装干涉，操纵联合国安理会通过决议，纠集十六国军队组成“联合国军”，任命五星上将麦克阿瑟为总司令，朝鲜战争迅速由内战演变为侵略与反侵略的国际性局部战争。

美国在对朝鲜半岛进行武装干涉的同时，粗暴践踏中国领土主权。派遣第七舰队进入台湾海峡，阻止中国人民解放台湾。美军飞机不断侵入中国领空，轰炸东北城镇，中国安全受到严重威胁。

中华人民共和国政府坚决谴责侵略，对美国扩大战争的行径多次发出警告。但是美国政府将中国的警告视为“虚声恫吓”，授权麦克阿瑟继续行动。美军越过“三八线”，大举北进，准备占领全朝鲜。

朝鲜党和政府向毛泽东主席发出信函，请求中国出兵，援助朝鲜。

中共中央政治局连续召开会议，讨论援助朝鲜问题。然而，是否出兵援朝，这个决心并不好下。

这时，中华人民共和国中央人民政府刚刚成立一年，西藏和台湾尚未解放。经历了长期的战争，政权需要巩固稳定，国家需要休养生息，人民渴望和平安定，以建设美好家园。

美军是高度现代化的军队，拥有包括原子弹在内的最先进武器，进行的是海、陆、空一体的现代战争。人民军队虽然身经百战，但空军、海军刚刚组建，只能打以步兵为主体的地面战争。面对强大的敌人，面对现代战争，人民军队打得了、打得赢吗？

主政大西北的彭德怀紧急到京参加会议。他后来回忆说：“在住处，我彻夜难眠。想到老虎是要吃人的，向它让步是不行的。它既要来侵略，我就要反侵略。不同美帝国主义见个高低，我们要建设社会主义是困难的。”在政治局会议上，他明确表态：“出兵援朝是必要的。”

中共中央政治局经过反复讨论，最终形成结论：我们“应当参战，必须参战。参战利益极大，不参战损害极大”。出兵援朝“对中国、对朝鲜、对东方、对世界都极为有利”。一个历史性的决策由此形成：抗美援朝，保家卫国。

炮兵第一师一位叫麻扶摇的指导员，写下了一首出征诗，作曲家周巍峙看到后深受感染，为之谱曲，这就是《中国人民志愿军战歌》。气势雄壮的歌声，唱出了那个时代的最强音。

美国人在朝鲜半岛上亮出了自己曾震撼世界的战刀。西方国家认为共产党的军队不敢“冒核战争的危险”，大大低估了中国人民对于尊严的渴望，更没看到一个觉醒了的民族所潜藏的巨大力量。

中华人民共和国成立之初，百废待兴、百业待举。经过了那么漫长痛苦的战争磨难，还有谁比中国人更深知和平的宝贵，比他们更坚决地反对战争呢？但是，中国人民的这个真诚愿望现在却遭到了粗暴的挑衅。美国人不可能知道，正是他们这次贸然出兵、步步紧逼，激发出中国人民同仇敌忾的情绪，还促使解放军快马加鞭完成战斗任务，加快了我国国内革命的进程。

中华人民共和国成立之初，国民党当局有计划地在大陆潜留了大批特务。他们聚集溃散的国民党军部队，会同惯匪、地主恶霸，组织反动土匪武装，企图与共产党和人民政府长期对抗，而后配合国民党军反攻大陆。

朝鲜战争爆发后，这些特务和土匪认为“第三次世界大战即将爆发”，“黑暗将过，黎明将来”，气焰十分嚣张，到处散布谣言，甚至组织反革命暴乱，向人民民主政权发动猖狂的进攻。

中共中央、中央人民政府在作出抗美援朝决策的同时，以最大的决心，采取断然措施，加速了剿匪、土地改革和镇压反革命的步伐，以便为支援战争，也为恢复国内建设提供稳固的社会基础。后来，抗美援朝、土地改革、镇压反革命，被并称为当时的“三大运动”。

国内建设刚刚开始，国外的敌人眼看就要打到家门口了，岂能允许国民党潜伏的特务、土匪再捣乱？根据中央指示，各省不断加大剿匪力度。随着我军一遍又一遍地扫荡，残匪眼看已所剩无几。一听说要组建第二批志愿军入朝参战，大家的情绪一下就上来了。为了能够赶上这次机会，随时出国参战，部队打击国民党的残余势力，包括清匪反霸、建立政权等各项工作都加快了。

柴云振和战友们之所以摩拳擦掌，迫不及待地要去会一会美国这个久违的对手，还有一个鲜为人知的幕后原因。

一九四九年渡江战役发起时，日暮途穷的蒋介石曾请求美国出兵援助。在人民解放军向全国进军的过程中，国民党军已无法与之抗衡，但美国为挽救蒋家王朝覆灭的命运，以维护其在华利益，会不会直接出兵干涉中国内战？这成为中国共产党必须考虑的问题。为此，一九四九年一月八日，中共中央在《目前形势和党在一九四九年的任务》中指出：“我们从来就是将美国直接出兵占领中国沿海若干城市并和我们作战这样一种可能性，计算在我们的作战计划之内的。这一种计算现在仍然不要放弃，以免在事变万一到来时，我们处于手足无措的境地。”

为对付美国可能的武装干涉，中共中央决定：第二野战军“两年内留华东，不作新的机动”。当时二野是准备在美国出兵后，作为三野的预备队顶上去的。包括柴云振在内的战斗骨干们，在渡江战役打响前都做了充分地自我动员和训练，大家做好了打美国兵的准备。

谁知人民解放军百万大军一打过长江，国民党就像秋风扫落叶一样垮得那么快！这时美国看到势头不对，虽然并不死心，却也没敢出兵，也没来得及出兵。相反，在上海解放前夕，英、美等国的军舰却纷纷撤离。这样一来，柴云振所在的部队作为预备队，自然就没有机会和美国人交手了。

真是“不是冤家不聚头”啊！没想到美国这回在朝鲜动了手，居然还威胁到我们的大后方东北，二野再次成为和美国人较量的预备队。只不过这次交手不在国内，而是在异国的战场。

朝鲜战场的形势不断变化。彭老总指挥志愿军连续发动四次大规模战役，历经六个月惊心动魄的大战，将“联合国军”一举从鸭绿江畔打回到“三八线”。为了乘胜追击，扩大战果，彭老总要求第二番作战部队尽快入朝。

最是光荣出征日

朝鲜前线胜利的消息传回国内，全国人民倍受鼓舞。一个古老国度火山般沉积的激情爆发了。

战局的突然逆转不但打蒙了美国人，连中国人自己都大吃一惊。此时国内大多数民众都不识字，连肚子也填不饱，甚至没有鞋穿，战争中所需的每一颗子弹都要从牙缝里挤出来，当时国家全年的钢产量大致跟美国钢厂两天的产能相当。在这样的国情下，我们却与如日中天的美国开战了。这是赌上国运的生死之战，它牵连着每个中国人的命运走向。

那些日子里，柴云振亲眼见证了全国人民对抗美援朝前线的大力支援。部队密切关注着战争的进程，随时学习掌握国际、国内形势。志愿军在朝鲜战场的胜利，给全国军民以巨大的信心和力量。如果说最开始对是否应当入朝参战，以及能否与美国这样强大的国家较量，国内还有人持有怀疑甚至畏惧态度的话，那么无可置疑的连续胜利，则让人们把这一切念头都抛到九霄云外了。

在中共中央的指导下，反对美国侵略台湾和朝鲜的群众运动，迅速在全国形成高潮。全国开展了以“仇视、鄙视、蔑视”（简称“三视”）为中心内容的抗美援朝爱国宣传教育活动。仇视美国，因为它是中国人民的敌人；鄙视美国，因为它是腐朽的帝国主义国家，是世界反动堕落的大本营；蔑视美国，因为它是“纸老虎”，是可以打败的。“三视”教育有力地激发了中国人民的抗美援朝爱国热情，增强了民族自尊心和自信心，正如周恩来总理所说：“中华民族的觉醒，这一次更加高扬起来了，更加深入化了。”

全国城乡到处出现父母送儿女、妻子送丈夫、兄弟争相入伍的感人场面，各条战线轰轰烈烈开展抗美援朝运动，支援前线，支援战争。

当时十五军首长得到消息，西南局已经内定秦基伟军长为西南公安军司令员，指挥包括十五军三个师在内的五个满员师。打了这么多年仗，历经枪林弹雨，若论安居乐业，这当然是不错的选择。但朝鲜战场上正烽火连天，作为执干戈卫社稷的军人，岂可等闲视之，安享太平？于是争取入朝参战，成为十五军各级的共识。听说秦军长想请缨入朝，三位师长都给他打电话表示积极支持。

一九五〇年十月二十九日，中共中央西南局在重庆召开会议。就在这次会上，秦基伟军长恳切地请求批准十五军入朝参战。他的理由有两条，一是十五军干部战士有要求，军心正旺，士气正高，而且十五军始终在剿匪，战斗的弦还绷得很紧，战争弯子转得快；二是十五军没有兼负建设地方政权和地方武装的任务，完全是野战结构，机动性强，说走就能走，说打就能打，没有拖泥带水的羁绊。

经过秦军长的一番“软磨硬泡”，最后西南军区政委邓小平同志终于拍板：“好，十五军去！”

一九五〇年十一月底，十五军终于接到北上命令，向华北战略机动位置——河北邢台地区开拔。就在这一路北上的途中，柴云振亲身感受到全国人民的热情支持，感受到举国支持抗美援朝的巨大力量，他和战友们一路倍受鼓舞。他终于明白了崔建功师长为什么一再说：“当志愿军可不容易啊，这是党的信任，人民的重托！”

柴云振所在的四十五师先从重庆乘坐轮船去武汉，然后再坐火车北上河北。

当志愿军出发时，部队所在地的县、专署，一直到重庆大区，包括西南的党、政、军领导，从上到下，都来欢送。这一路上，志愿军沿途受到了热烈欢迎，场面感人至深。

当人们听说这是去抗美援朝的志愿军部队时，男女老少无不倾城而出，十里相送。部队走到哪儿，人民群众就欢送到哪儿，欢呼声就跟到哪儿，沿途的慰问形式多种多样，给部队送来吃的用的，各种慰问演出一应俱全。各个师也从贵州、云南、四川带出来一些文工队。文工队路上组成临时宣传队，每到一处组织演出感谢当地人民和政府，无论白天黑夜，锣鼓喧天。沿途没有电灯，就用汽车灯照明，真是一路开拔一路歌声，人民群众拥戴志愿军的热情到了顶点，那场面不是用语言所能形容的。

就是在这种壮观热烈的氛围中，柴云振于一九五一年一月初随部队开拔到重庆。

在一片鲜花和歌声的海洋中来到重庆，柴云振不由得百感交集。这座繁华的山城，承载着他人生的苦难，铭刻着他痛苦的经历。五年前，正是在这座城市，他被国民党抓了壮丁，在国民党军队里受尽欺凌。如今，他堂堂正正回到这座城市，已是胜利之师的光荣一员，到处是夹道欢迎的同胞，到处是敬重友善的目光，一声声“同志”的亲切呼唤，让他觉得恍然如梦，换了人间。

走在熟悉的大街小巷，柴云振心中涌动起阵阵波澜。他可以背出每一家的门牌号码，当时为了躲抓壮丁，他曾在这里走街串巷整整卖了五年醪糟。如今他已整整十年没有回过老家了，不知道慈爱的老母亲是否还在人间。

这次部队开拔路过家乡，重庆离老家不过三百多里路程，柴云振多想回家看看啊！这些年打仗从北到南又回来了，好不容易回到家门口，谁不想回家一趟哪！但是部队反复教育，如今中华人民共和国成立了，有人想回家乡过“两亩地一头牛，老婆孩子热炕头”的安稳日子了，有这种想法并不奇怪。但我们要看到，全国还没有完全解放，美帝国主义大肆侵略朝鲜，一旦它完成了对朝鲜的侵略以后，就会把匕首戳进我国的胸膛，妄图帮国民党卷土重来，让我们吃二茬苦，受二茬罪，我们不打败这些虎视眈眈的敌人，回去能过安稳日子吗？

这毕竟是一支身披荣光的军队，许多昨天才获得解放的翻身农民，刚刚分得了田地，尝到了翻身做主人的滋味。他们参加这支队伍正是要保卫自己的胜利果实。一场场深入的思想运动，激发了干部和战士的阶级觉悟，部队的一些和平思想经过教育得到了纠正，积极求战一时形成了风尚，战士们纷纷表达决心：不赶走美帝，决不返乡！一位战士创作的快板诗在部队中广为流传：美帝好比一把火，烧了朝鲜就要烧中国；中国邻居快救火，救了朝鲜就是救中国。

为此，很多党员干部以身作则，不请假、不探亲，给战士们作出了表率。柴云振心想，全军上下号召所有军人“三过家门而不入”，安全抵达集结地，自己如今也是一名共产党员了，应该带头执行好纪律。特别是在一路上亲身感受到全国人民对志愿军的无限热爱后，柴云振更真切地感受到出国作战的荣誉和责任。

为了免得家人牵挂，柴云振狠狠心，连一封信也没有留下，就继续踏上了征途。临出发前，他只悄悄在朝天门码头包上了一袋乡土，听说出国后好多人水土不服，如果捏撮乡土放进水里喝下去，就会好起来的。

第七章

胜利之路

鸭绿江边的呐喊

一九五一年三月二十九日黄昏，柴云振随部队到达鸭绿江大桥，即将进入朝鲜。

鸭绿江还是一派冰雪封冻的茫茫景象，从西伯利亚吹来的寒风，在开阔的冰面上席卷起漫天飞雪，令人感到周身寒彻。

按照上级“以战略突击粉碎敌人反突击”的思想，第四十五师必须尽快过江，向涟川地区开进，为第五次战役的胜利开局创造条件。

暮色深沉，彤云密布，鸭绿江笼罩在一派临战的雄浑氛围之中。

崔建功师长率领师直机关即将过江。柴云振作为警卫班长，一直跟在崔师长身边保卫首长安全。崔师长方脸浓眉，性情和蔼，经常出语诙谐，是一位人生曲折的传奇人物。柴云振心中一直很崇敬崔师长，不但因为他亲切随和，还因为他们曾有一段相似经历。

崔建功曾于国民党东北军一〇九师六二七团一连当兵。入伍后即开赴陕北与红军作战。国民党军的老兵油子李德胜给他传授“投诚秘诀”：“枪一响，就投降。红军优待俘虏，愿回家的，送三块大洋。”崔建功暗暗记下了。

一九三五年直罗镇一役，他只朝天放了一枪，就举枪当了俘虏。崔建功从不讳言当俘虏一事，且称自己是“长征的胜利品”，“被机关枪欢迎过来的红军”。

一九三五年参加红军后，崔建功曾经三易其名，以示“为人民建功”之意。在人民军队里，崔建功迅速成长为一名文武双全的猛将。他打起仗来信念如钢，有我无敌，从不怕牺牲。在一九四八年的洛阳战役中，他面对国民党军的炮击、毒气攻势寸土不让，硬是死守两昼夜，未丢一处阵地。正是这数不清的恶战，让崔建功“擅守”的威名传遍了整个十五军，也塑造了四十五师善于防御的战斗作风。

这一天，看着战士们即将情绪高昂地跨过鸭绿江，崔师长找来师直机关政工科的贾维书科长，发布了一道独特的命令：“趁着还在家里，让同志们抓紧时间，大声喊几句吧，想说什么想唱什么，甚至骂几句粗话都可以，过了江可就没机会喽！”

根据上级要求，为了保守机密，不让敌人掌握我军战斗意图，志愿军入朝前去掉了中国军人的一切番号、记号，甚至连水壶上的“八一”军徽都磨去了。部队要求战士出国后不说话，少说话，身上不留一个中国字。一旦离开连队，就没有人认得你，更不晓得你的名字和底细，每个人都要准备做无名英雄、无名烈士。

命令虽然传下去了，可战士们有点不好意思喊出口来。崔师长见此情形，突然亮开大嗓门，带头对着鸭绿江大喊道：“我叫崔建功，是河北魏县人！我一九三五年参加红军，今天出国打鬼子，这辈子跟定共产党、跟定毛主席，不打败美国佬，老子绝不回来！”

茫茫大江上，崔师长雄壮豪迈的喊声，点燃了全师官兵沸腾的激情。长长的队伍停下来，席卷起狂飙巨澜般的呐喊：

“我是山东梁山人，我叫董忠心。爹啊娘啊，等着我立大功回来！”

“我叫张扬，四川安岳人。白果湾的父老乡亲，我不会给你们丢脸的！”

“娘啊您莫太累了，上山打柴，下地栽秧，您就让我媳妇帮忙做……”

这是尽情的宣泄，这是最后的心声，每个人都朝着家乡的方向大声呼喊，队伍中不知是哪个文化人高声唱起了《满江红》：

“怒发冲冠，凭栏处、潇潇雨歇。抬望眼、仰天长啸，壮怀激烈……”

柴云振只觉得喉头发紧，他也很想大吼几声，可在这沸腾的队伍里，他一时不知道喊些啥。他忽然特别想念那远方的母亲，想念那已经变得遥远而陌生的山村，只在心底默默地念叨着：“妈妈啊，一定要等着我回来。”

崔师长抬手看看表，眼见差不多了，他站上江边的一处高台上，以气若长虹般洪亮的声音发布命令：“注意了，传我命令，全体起立，向后——转！”

政工科贾科长立即指挥队伍，下达口令：“全体都有了，向后——转，立正！”

崔师长气壮山河的浑厚声音，庄严地响彻夜空：

“战友们，现在，让我们全体肃立，面对我们伟大的祖国，面对我们敬爱的毛主席，面对我们的亲人，告别，敬——礼！”

“唰”的一声，数不清的右手同时举起，面朝祖国致以庄严军礼。部队正式向朝鲜战场挺进了！

柴云振行进在这气势磅礴的战斗行列里，仰望崔师长伟岸坚定的身影，跟随战友们雄壮昂扬的步伐，一股前所未有的激情汹涌在心头，他浑身洋溢着蓄势待发的力量。

柴云振的身边就是位于中朝界河鸭绿江上的两座大桥。九一八事变时，大批日军部队曾从这里进入中国东北，沧桑的大桥见证了近代中国遭受侵略的屈辱。今天，美国军队又把侵略战火烧到了鸭绿江边，把其中的一座桥炸成了断桥。这一次，站起来了的中国人民决不会让历史重演；他和他的战友们，也绝不会让历史重演！

死神威胁下的急行军

朝鲜冰封的大地尚未苏醒，刺骨的严寒中还看不到早春的迹象。

为了贯彻志司的作战意图，尽快赶到“三八线”以南的战役集结地，志愿军第三兵团如滚滚铁流，披星戴月地向南开进。第三兵团由第十二军、第十五军、第六十军组成，由于三个军分别来自三个不同兵团，所以军委给它的番号是第三兵团。

刚刚进入朝鲜，连敌人的影子还没看见，残酷的战争就给柴云振上了现实的一课。

这是一片在燃烧流泪的国土。第四十五师要趁着敌人空袭间隙，急速穿过朝鲜新义州市区，直奔预定集结地点。部队经过城区时，柴云振看到了一幅地狱般的惨景。到处是遭到敌军轰炸后熊熊燃烧的战火，路旁焦黑的树枝上挂满了残肢断臂，市区宽阔的广场上尸横遍野，烧焦的尸体发出刺骨的臭味，真是一派白骨露野、狼烟遍地的凄凉。

这和国内获得解放的情景相比，真是两个世界。战士们由此更加明白一个道理，假如任由侵略者把战火烧过鸭绿江，新中国不就是这样的惨状吗？大家都说毛主席抗美援朝的决定太英明了，否则我们的国家很有可能面临的就是和朝鲜一样的场景。义愤填膺的战士们战斗情绪高涨，柴云振回忆道："一路上人人表态，个个请战，那真是谁也没有想要活着回去，这回硬是要跟狗娘养的美帝拼了！"

部队到达集结位置约四百五十公里路程，需步行半个多月。这一路急行军遇到的艰险挑战，集中体现在"衣食住行"上遭遇的千难万险。

志愿军出国之前，为了尽可能多带弹药和粮食，一再轻装压缩个人被服物品，确保入朝后"拖不垮、冻不死、饿不倒、打得赢"。柴云振背的武器有苏制762式步枪一支，子弹一百二十发，手榴弹八颗，还有水壶、挎包、急救包……每个人除了自背二十四天的炒面口粮，还要捎上一周的口粮，以支援处境困难的朝鲜人民军。

部队一进入朝鲜就撤掉行军锅，不再生火煮饭，把炊事班编成战斗班，行军途中战士们只能各自料理生活，全靠炒面充饥。柴云振记得那炒面一边吃一边还呼呼冒烟。有的战士最开始实在吃不下，就先用开水烫一下，但有的炒面炒老了，一股子苦味儿，很难下咽，饿着肚子行军是常有的事。连续的长途行军，让柴云振的双脚打起了泡。半个多月吃不上热菜油盐，他已经快失去味觉了，后来过了好久才恢复正常。

在这翻山越岭的急行军中，由于沿途村庄很难见到老百姓，十五军指挥所的军首长们和战士一起忍饥挨饿，警卫员和炊事员只好去扯点野菜为首长们充饥。各路人马就这样克服重重困难，在崇山峻岭中加速前进，许多年轻的小战士生病了拄着棍也咬牙坚持，绝不让自己掉队。

柴云振和战友们全身披挂武器弹药，还要背负沉重的干粮，每天风餐露宿，难以得到休息恢复，部队越往南走，体能消耗越大。

为了躲避敌机的轰炸，部队只能远离村庄宿营，疏散隐蔽在山林掩体之中。夜晚行军寒气逼人，满头大汗的战士一遇冷风吹面，很容易就伤风感冒了，部队一入朝就出现了非战斗减员。师首长对此特别关心，强调要搞好团结互助，共同克服行军中的困难。

由此一来，睡觉也成为战斗的一部分，“抱团睡觉”成为行军路上的一道奇观。柴云振和战友们蹲山洞、挤掩体，几个人抱成一团，互相背靠背、腿靠腿，再互相搭伙盖上夹衣，最后在头上严严实实地蒙上雨布，才能勉强抵御风寒。部队一夜急行军下来，白天停下休息。为了防止被敌机发现，战士身上都得盖上蒿草和树叶，当时有人开玩笑说，“铺着地盖着天，枕着石头蹬着山”。大家实在是太疲惫了，往往用不了十分钟就睡着了。即便不远处传来枪声和爆炸声，最多睁开眼看一看，接着又睡过去了。

吃不上热饭睡不好觉，如果跟死神威胁下的行军比起来，那简直是小巫见大巫了。

一过鸭绿江，柴云振和战友们就领教了美军飞机的嚣张猖狂。那成百架飞机“如黑压压的麻雀群”从头顶掠过，瞬间席卷的爆炸和浓烟就把地面变成一片火海。对我军威胁最大的，是那种俗称“油挑子”的“F-80型”喷气式战斗机。它飞行速度快、火力强、机动性好，投下的两百公斤高浓度凝固汽油弹爆炸后，可形成直径一百米的高温火球，这种精炼过的汽油一旦溅射到人身上，就会贴着身体燃烧，除非跳进河里或者用泥沙捂盖，否则很难逃脱。

“联合国军”对于自己强大的空中打击能力相当自信。白善烨是韩国历史上第一位陆军上将，他在朝鲜战争时期担任师长、军长等要职。他在回忆录中写道：“美军空军一旦接到我方空中支援请求，驻扎在日本福冈板付空军基地的轰炸机就会立即起飞，三十分钟内便可到达阵地上空。”由此可见美军的空中力量多么强大。

“联合国军”完全掌握了制空权。白天，敌机成群地盘旋轰炸，运输物资的汽车、拖运大炮的大车以及各种车辆只能隐蔽在公路两旁的树林里；到了夜晚，敌机投下的照明弹则将黑夜照得如同白昼，特务发信号的枪声四处不断，汽车不敢开大灯行驶，每天都有跑错路或者翻车的事情发生。柴云振记得，汽车兵们为此还编了一段俏皮话：“中国撒米拉（朝鲜语‘人’）来到朝鲜地，坐的卡东卡（朝鲜语‘汽车’），受的扁呀机（朝鲜语‘飞机’）气。”

敌人的不断空袭，给部队行军造成严重影响，走三天才相当于国内一天的路程。敌人欺负我军没有制空权，飞机越来越嚣张了，低空飞行时简直像看准脑袋扔炸弹。有的战士说，美军飞机飞下来快把帽子都抓跑了。这话虽然夸张，但低空飞行产生的气流的确能把帽子刮跑。无论白天黑夜，敌机说来就来，战士们把这戏称为“查铺查哨”。

当时，柴云振和战友们对飞机作战了解还不多，以至于还闹出一些笑话。有的连队规定不许大声说话，怕被美军飞机上的敌人听见；有的连队要求戴眼镜的要摘下来，防止眼镜反光被敌机上的敌人看见，甚至连“镶金牙的不能张嘴”的命令都在战场上传达，可见敌机轰炸给部队官兵造成的心理压力之大。

据志愿军副司令员洪学智回忆，美军飞行员大部分是经历过二战的老兵，经验丰富，飞行技术好。晚上就是在小窗洞里露出一丝蜡烛的亮光，都有可能招来他们用机关炮弹准确射进窗口。

白天是美军飞机的天下，但即便是夜里行军，部队同样也是连手电筒都禁止开亮的。有时司机实在看不清路，开了一下车灯，就会担心被暴露。摸黑赶路致使翻车更加频繁，因此汽车团有条规定——“翻车不算事故”。

面对来自天空的致命威胁，志愿军指战员入朝初期只能被动地防御躲避。由于担心暴露目标，当时有严格的战场纪律，严禁向敌机射击，第一批入朝参战的志愿军因此吃了敌机不少亏。

十五军进入朝鲜后火速行军，就是为了赶到指定的涟川地区，参加第五次战役，时间十分紧迫。可是敌机一来，队伍就要隐蔽，漫山遍野到处隐藏。敌机骚扰两三次，半天就过去了，严重地影响了行军速度。

第四次战役打得正激烈，第五次战役还等着十五军去开场。敌机在天上拼命阻挡，怎么办啊，部队上下都非常焦急。四十五师师部警卫连的柴云振和战友们，气得双目喷火。每次见到师长的警卫员去传达命令，就缠上他请求说：“快请师长下命令吧！我们宁肯死在战场上，也不受这种窝囊气！”

“地对空”遭遇战

十五军的军首长们经过紧急磋商，很快统一了思想：防敌空袭不能消极防御。越是躲着它，它越嚣张；它越嚣张，我们的行军就越受威胁。我们要积极地防，大胆前进，边走边打，以打代防。他们这样想，并不是蛮干。对于十五军来说，飞机并不是什么稀奇玩意儿，解放洛阳时战士们就用步枪把国民党的一架战斗机从天上“揍”到地上。美军飞机就算高明一点，那也没什么了不起，我们不是也有高射机枪吗?

军首长们也考虑到了，敌人气焰正盛，有可能打它一次，它要报复十次。但它敢来十次，就打它一百次。即使打不下来，也要把它撵到高空，让它不敢低飞。在朝鲜战场上极为艰苦的条件下，志愿军就是这样凭借灵活机动的战略战术，以及一往无前的英雄气概，始终保持着高昂士气和革命乐观主义精神。

不信邪的十五军官兵们，与“联合国军”的第一次较量，就发生在“地对空”的遭遇战中。

军里一个号召传下来，全军为之一振：挺直腰杆子，开展对空射击。军政治部也发出动员令，要求部队“争取打飞机，光荣立功”。入朝之前，上级给十五军配备了一批新的火器分队，每个团都有一个高射机枪连，有五挺高射机枪，全军加在一起，数量也很可观，可以组成一个较强的空中火力网。再加上轻机枪和步枪，也可以在山顶或制高点上对空射击。敌机稍微低一点，战士们就开火，山顶、山腰都有火力，有时简直是居高临下射击。这样一来，对敌机的威胁就大了。

就在这种情况下，柴云振亲眼见证了他所在的四十五师创造的“打飞机”奇迹。

一九五一年四月二十三日清晨，也就是第五次战役开始的第二天，第四十五师一三三团前进到涟川的余积山地区时，遇到美军轰炸，还有一架敌军的广播飞机，大肆进行反动宣传，用一把娇滴滴的女声喊话：“联军是不可战胜的……十五军的士兵们，父母妻子在家里思念着你们……”

大家一听都憋着一股气，要狠狠收拾这些空中飞贼。正当这架敌广播飞机耀武扬威，飞到第一三三团上空时，没想到气红了眼的战士们举起高射机枪就一顿猛射，竟然把这家伙击中了。敌机中弹后直冒黑烟，摇摇晃晃向地面坠去，飞行员赶忙跳伞逃命。

战友们好不高兴，正欢呼着跑去活捉飞行员时，又冲来三架敌机，一边俯冲扫射，一边向跳伞的飞行员的位置靠。很明显，他们妄图来营救同伙。

三架敌机同时扑来，气势汹汹，目空一切。可志愿军战士更加英勇，哪里管这些，端着机枪就向扑来的敌机猛打猛射。一架敌机中了弹，一头栽了下去；另两架敌机见势不妙，只好夹起尾巴转头逃遁。

这一下子更热闹了，敌人算是同一三三团较上劲了。接着十二架敌机掩护一架直升机，一起飞来抢救他们的飞行员，没想到偷鸡不成蚀把米，又被我军打栽一架。其余的见势不妙，掉头就跑。

这两天中，志愿军与敌人飞机展开的大战，简直比战争大片还要精彩得多。不知道是敌人认准了一三三团还是巧合，四月二十五日，敌人出动多架飞机袭击一三三团驻地，该团组织高射机枪和步兵武器射击，高射机枪连一班射手屈秀喜用五发子弹就击落了一架敌机，七班战士张常聚也击落敌机一架。仅二十三日、二十五日两天，一三三团就击落敌机五架，可以说创造了陆军打飞机的纪录。战士们感到太解气啦，部队情绪高度振奋。师党委给屈秀喜、张常聚记了二等功，号召全师向他们学习。

此外，配属给十五军的高射炮兵团在第五次战役中，也取得了对空作战的辉煌战果。他们担负着掩护部队作战和保卫桥梁、保障运输的任务。同样是在四月二十五日上午，该团在议政府的东豆川里击落敌机两架。四月三十日上午七时至下午二时，守卫临律江大桥的高炮团同二十多架敌机展开了一场激战。那阵势，就像是我们的地面部队同敌人的飞机拼上了刺刀。敌机轮番向大桥俯冲投弹、扫射，企图炸毁大桥，切断我军运输线，造成我军供应困难，阻止我后续部队前进。高炮团组成严密的交叉火力网，几个回合之后，击中一架正在俯冲准备投弹的野马式战斗机，其余敌机四散逃窜。

旗开得胜的消息传回师部，柴云振和战友们欢呼雀跃，兴高采烈地传递着喜讯。四十五师一连击落多架敌机的胜利，极大地鼓舞了战士们的士气，受到十五军司令部通令嘉奖。

柴云振每次回忆起这一幕，都掩饰不住激动的心情，

“一开始有人还吹嘘美帝国主义有多凶猛，我们一出手，它‘纸老虎’的原形就露出来了”。当然，“地对空”打飞机凭的不光是勇敢，柴云振和战友们一直牢记崔建功师长的告诫，在任何情况下都要先注意隐蔽自己，所以每当打下飞机，大家都埋伏在四周，只派几名战士去抓获跳伞的敌人，其他人则随时提供火力掩护。

第十五军对空作战所取得的成绩，受到了志愿军首长的高度重视，志司向部队发出了《关于十五军对空射击经验的通报》，介绍了十五军开展群众性对空作战的经验，特别是敢打低空和俯冲飞机，对整个志愿军部队起到了十分重大的鼓舞作用。新华社记者还专门写了篇文章，称赞此举“在我志愿军还未有空军参战的情况下，相当地打击了美军飞机称霸天空的疯狂气焰”。

在整个第五次战役的五十多天里，十五军开展群众性的对空作战，取得了辉煌的战果，共击落、击伤敌机八十三架（其中击落五十六架）。柴云振和战友们打掉的不仅仅是几十架美军飞机，关键是还打掉了对于敌人空中优势的恐惧心理，树立了部队敢打必胜的信心。从此，战士们由“怕飞机”变为了“盼飞机”，只要飞机一来，就认为“立国际功”的机会到了。为此，他们在公路上伪装“汽车”，在山坡上造出“宿营地”，在山沟里“煮饭”冒烟，想方设法诱引敌机上当。而曾经被战士们戏谑为“抓帽子”的美军飞机，经过连番吃亏后，再也不敢肆无忌惮地超低空飞行了。

战火中成长

然而，正如崔建功师长所说："美国将军比国民党将军聪明得多。"在朝鲜战场上，像柴云振这样在国内战争中经验丰富的老兵，遭遇的也是完全不同的陌生对手。"联合国军"不仅完全拥有制空权和强大火力，还有机械化的快速机动、先进的通信保障、充足的战场物资补给等优势。经过严酷战火洗礼的柴云振，和战友们一起从战争中学习战争，在这个全新的战场上迅速成熟起来。

初上朝鲜战场，柴云振每天都被十五军战友们的英雄事迹深深鼓舞着。他们中很多人在战斗的关键时刻挺身而出，敢于担当，起到了定海神针般的重大作用。

在争夺汉滩江花峰村的滩头阵地时，战斗打得非常惨烈，十五军二十九师八十五团五连最后只剩下十三名战士，连排干部全部伤亡。关键时刻，司号员史朝珍挺身而出，主动代理连长作指挥。他严密组织人员，合理分配火力，使十三名战士形成了坚强的战斗集体，连续打退敌人四次进攻，将这个阵地牢牢掌握在我军手里，保证部队顺利地渡过了汉滩江。"司号员成了指挥员"的消息传遍了十五军，部队大力倡导这种敢于独立作战的英勇精神，张显扬师长在火线传令嘉奖史朝珍，志愿军领导机关为他记特等功，朝鲜也授予他朝鲜民主主义人民共和国一级自由独立勋章。

在这些英雄战友中，特别是第四十四师一三〇团九连排长崔建国的战斗事迹，更使柴云振深受激励。不仅因为这个部队是柴云振以前的老部队，更是因为他对崔排长的英勇精神十分佩服。

在痛歼美二师三十八团的战斗中，排长崔建国带领尖刀排，负责突破大水洞屏障752高地。在穿插作战中，他带领全排一口气夺下了敌前沿阵地上的四个地堡，而后兵分两路，连续夺下两个山头，为后续部队打开了前进道路。

在向大水洞地区继续穿插时，在后续部队尚未赶到的情况下，连长牺牲了，崔建国挺身而出，主动代理连长，指挥全连战斗。当时，六十余名敌人在机枪火力掩护下强行突围，崔建国率全连与敌人展开白刃战。当两个敌人向崔建国扑过来时，他猛力一脚，踢倒一个敌人，夺得卡宾枪，将另一个敌人刺死，接着他又一口气捅死五个敌人。

战士们在崔建国的鼓舞下，奋勇拼杀。机枪手魏明用小铁锹劈死敌军官一名，夺得手枪后又连续打死数名敌人；弹药手吴银成被一个大个子美军压倒在地上，他突然抬头，一口咬掉了敌人的一只耳朵。

经过这一场惊天动地的肉搏战，他们最终把敌人压了下去。有六个吓软了腿的敌人，竟然在崔建国的面前跪下投降。

第二天夜晚，二排又接受了攻打大水洞右侧山头的任务。战士们忘记了疲劳，果敢迅速地插向敌阵。他们扔出一排手榴弹，把敌人炸得鬼哭狼嚎，慌忙撤退，只在山头上留一挺重机枪掩护。崔建国绕到敌人机枪手背后，一把抓住他蓬乱的长头发，把敌人从工事里硬生生拖了出来，还缴获了一挺重机枪。

在这两天的战斗中，崔建国一个人打死了二十多个敌人，刺死了六个，捉了七个俘虏；缴了一门化学炮、一挺重机枪、两支卡宾枪和五支自动步枪。在他的带动和指挥下，二排出色地配合主力，歼灭美军第三十八团大部。战后，志愿军领导机关给崔建国记特等功，授予他“一级战斗英雄”称号，他还荣获朝鲜民主主义人民共和国一级自由独立勋章，全排也荣记集体一等功。

在现代战争的残酷洗礼中成长，在英雄事迹的耳濡目染中受到激励。柴云振后来在一天之内创造的战斗奇迹，并不是无源之水、无本之木，而是深深地植根于这支军队的英雄沃土中。特别是崔建国身陷重围，处变不惊，带领全排英勇突击，在处境不利的情况下反败为胜，这种勇猛顽强的战斗作风给柴云振带来了深深的鼓舞和启发。对于这样敢打敢冲的孤胆英雄，柴云振至为钦佩。

生命不息、战斗不止的血脉基因，为党和人民不畏牺牲的理想信念，一直流淌在这支军队的英雄血液中。在那枪林弹雨的异国战场上，热血激荡着热血，精神照亮了精神，不断涌现的英雄模范如同火炬照亮了冲锋的道路，激励着千千万万的柴云振披荆斩棘、英勇奋战，去赢得属于军人的胜利荣光。

在柴云振这样的志愿军士兵眼中，美帝国主义是世界反动堕落的大本营，是一只必将被打败的“纸老虎”；而在李奇微这名“联合国军”的最高指挥官眼中，装备落伍得可怜的中国军队“没有装甲部队，炮兵也很少，没有复杂的通信手段，轻装只携带手持轻武器”，在朝鲜战场上掌握的唯有“选择机动和隐蔽的主动权”。

而具有讽刺意味的是，当几十年后朝鲜战场的硝烟散尽，柴云振这样一名普通志愿军士兵，居然跟当年不共戴天的对手们不谋而合地达成了一致——如何重新认识中国军队的战斗能力，而这个争论不休的话题，“联合国军”参与到这场战争中的军人们，花了几十年才明白。

战争不是靠运气

一九八四年十月，英雄柴云振在埋名三十三年之后，终于被找到了。为了整理英雄的事迹，柴云振家乡岳池县史志办开始走访英雄及其战友、家属和熟悉他的人，编写、整理相关书籍。

得知这一消息，十五军的老首长们都十分重视。特别是柴云振所在的十五军四十五师老政委聂济峰将军，不顾年老体衰，花了半年时间查阅史料，反复找老同事、老部下核实柴云振的有关事迹。他十余次召集负责创作的相关同志，讲述柴云振参加战斗的背景、经过，座谈讨论有关问题，为此费了不少心血。就在完成这项工作一年后，老将军就驾鹤西去了，这应该是他生前关注的最后一件大事。

一位来日无多的将军，为何对一名普通士兵的战斗事迹如此关注？这中间不仅有深厚难忘的战友情谊，更有老军人终生都在探索胜利之师的秘密之故。

正是聂济峰任政委的志愿军第十五军四十五师，参加了举世闻名的上甘岭战役，所在部队涌现出特级英雄黄继光等一大批英雄模范。老将军不但关注着柴云振事迹的整理，还在晚年口述了长达四十五万字的《上甘岭——攻不破的东方壁垒》一书，用精确到每一天、每一事的记述方法，详尽地记录了志愿军成功的战斗经验。

山河为碑，岁月作证。老将军鞠躬尽瘁，死而后已，为后人留下这些珍贵的战争回忆资料，既是对历史的深情回望，更是向着未来的坚定出发。因为对历史的深刻总结，才是对那场战争最好的纪念，才是对牺牲战友最深情的缅怀。

抗美援朝战争的胜利，是在敌我力量悬殊的条件下取得的。在那块“世界上最不适宜大兵团作战”的地区，美国动用了其陆军的三分之一、空军的五分之一和海军的大部分兵力投入战争，使用了除原子弹以外的所有先进武器，掌握着战场的制空权和制海权，实施了将这块土地变成“世界上最没用的地方”的轰炸。

中国人民志愿军的武器装备相当落后，基本上是靠步兵和少量炮兵、坦克兵作战。后期参战的少量空军只能掩护后方主要交通运输线和局部的空中作战，不能直接支援地面部队作战。在幅员狭小的朝鲜半岛上，双方投入战场的最高兵力达三百多万人，兵力密度、敌方空中轰炸密度和炮火密度都是空前的。

就是在这样兵力极不对称、条件极为艰难的情况下，就是在这场异常残酷的战争中，志愿军将士面对陌生的战场、陌生的敌人，坚持“你打你的，我打我的，你打原子弹，我打手榴弹”，把灵活机动战略战术发挥得淋漓尽致。广大志愿军指战员赴汤蹈火，视死如归，谱写了气吞山河的英雄壮歌，人民军队迅速改善了装备，提高了技术水平，创造了依靠劣势装备打赢现代战争的一系列新经验、新战术、新战法，更培养和锻造了千千万万在战火中成长的

“柴云振”。

多年来，社会上流传着一种传播甚广的说法，认为抗美援朝战争中志愿军是靠所谓“人海战术”战胜了敌人的“火海战术”，用大量士兵的生命换来了一场胜利。当我采访柴云振老人，当面向他请教这个问题时，他对这个说法不以为然，甚至有些气愤。作为从枪林弹雨中一路冲杀出来的老兵，他从最切身的感受、最专业的角度给了我答案。

老人说，我们这支军队历来的传统就是集中优势兵力，各个击破敌人，从不打无把握之仗，不打无准备之仗，这是事实。美国军队装备先进，现代作战经验丰富，还能进行陆、海、空三军联合作战，这是我们不能比的。但要说我们的胜利是靠士兵的生命“堆”出来的，那我一百个不同意。

在装备实力那么悬殊的情况下，我们每一场仗都打得艰苦，都要付出很大牺牲，这的确是事实。比如我和黄继光是同一个师的，全国人民都知道有一个黄继光，可哪场大仗没有几个“黄继光”？敌人的机枪扫个不停，冲锋号响了，前面的中弹倒在敌人铁丝网上了，后面的踩着他的身体就要跳过去，要不然你等着子弹扫过来？你怎么完成战斗任务？

老人说，朝鲜战场上，志愿军在每天战斗中、每次战斗中，英雄都层出不穷。据我所知，在上甘岭战役中，四十五师十六个连队打过了两遍，我所在的一三四团八连打过了三遍。我们部队像黄继光那样舍身炸地堡、堵机枪的战士就有三十八名，授予英雄称号的有四十多位……

但志愿军的英勇顽强绝不等于简单莽撞，柴云振老人说：“如果说打仗只靠人海战术，敌人飞机大炮那么猛，你有多少人去牺牲？现在好多拍电视剧的人根本不懂战争，冲锋号一响哪儿喊杀啊冲啊，耳朵早就震聋了，鼻子都震流血了，谁听得见呐！但战斗时谁牺牲了，该由谁代替他的位置，赶快冲上去，那都相当严密，各记各的位置，各记各的次序，各看各的信号，那都必须纹丝不乱。”

采访中，柴云振口中那些娴熟的战斗术语脱口而出，讲起任何一场战斗都头头是道，使得同样作为军人的我倍感汗颜。完全看得出，他之所以能够在一天之内创造消灭一百多名敌人的纪录，凭的是过硬的军事素质而不是什么好运气。

柴云振的说法，在另一名美军老兵的回忆中得到了佐证。美军空降一八七团的老兵科尔曼在朝鲜曾和志愿军数度交手，他后来在自己的回忆录里对志愿军所谓的“人海战术”，作出了解释：

“人们常常混淆日本旧军队的‘万岁冲锋’和中共军队的‘人海战术’，‘万岁冲锋’是中世纪式的狂热的集体冲锋，是我们的机枪火力‘收获’日本兵时最受欢迎的举动……中国人在进攻时也用很多人，但中国士兵比日本兵聪明得多，他们通常都是在黑夜的掩护下，悄无声息地匍匐前进到扔手榴弹的位置，一声哨子响过，便如同下雨一般把手榴弹甩向敌阵，或使用机枪及冲锋枪边扫射边前进，攻下一个掩体后，再有条不紊地攻击下一个掩体。当冲杀在最前边的士兵伤亡，后面就有另一个去接替攻击。如果再伤亡，下一个再去接替，如此下来，就好似有无限的人力，这就是所谓中国式的‘人海战术’。”

在柴云振参加的第五次战役中，“联合国军”就几乎没有一次顽强地坚守作战。在我军这种精妙的战术指导下，顽强勇敢、严守纪律的志愿军官兵，毫无疑问是当时世界上最优秀的步兵部队。这一点令科尔曼几十年后还心存余悸：

“这种中国式的所谓‘人海战术’的真正可怕之处，在于中国人就像水银泻地，无孔不入，在夜幕的掩护下，你发现自己总是会被他们佯攻、奇袭、穿插、包围和渗透。他们好像对美军炽烈的火网毫不在意似的，第一拨倒下，第二拨就跨过尸体前进，还有第三拨和第四拨继续前进。他们不怕死，坚持战斗到最后一个人的意志仿佛是些殉教者。美军官兵在惊叹其勇敢的同时，也感到非常害怕。在这种人海般的攻击面前，无论多么强大的部队，一旦后路被中国人截断，都会立即军心大乱，惶恐不安。”

而在另一方面，则是柴云振和战友们对美国兵的重新认识。

青山依旧论当年

一九四九年的渡江战役前，部队就发动官兵研究了一番美国大兵。那时一说起美国兵，大家都传说神气得很，都是一色卡宾枪，漂亮得很。柴云振老人提起这个就笑了：“实际上在朝鲜一交手，美国鬼子并没有啥，你跟他一打，他比孙子都乖。尤其是夜间，他们钻进鸭绒被睡觉都拉上拉链，都不露头，你上去一打手榴弹，他们就被打得晕头转向。”他说，实际上美国鬼子打仗最熊包，平时一闲就在阵地铺上毯子，喝啤酒、吃香肠、吃烧鸡，一打仗他们就全指望飞机、大炮。如果我们也有那么多飞机和炮弹，美国兵也不是啥对手。

有意思的是，跨越漫漫时空之后，柴云振的这些观点，跟美军在朝鲜战场的最高指挥官李奇微高度一致。当年各自立场截然相反的对手，终于达成了一回共识。

作为一名职业军人的李奇微，一直担心美国社会因为过分强调物质享受而堕落，他曾警告说：“美国正成为一个人们走路越来越少，男人越来越柔弱的国家。”

朝鲜战场上躲在掩体里指望飞机和大炮给他们助威的美国兵，已经和二战中那支训练有素的美国陆军大为不同。尽管他们攥着威力无比的新式武器，但大多数士兵素质低下，许多兵员都只是仓促上阵的中学生。而军队纪律涣散的现象，在驻日美军中表现尤为突出。由于战后初期的日本国民极度贫困，而且十分顺从，几个美元就可以买到一切服务，很多美国士兵甚至连枪都懒得自己擦了。一支把精力都花费在娱乐而非射击场上的军队，在朝鲜战场上的悲剧性表现可想而知。

正所谓“旁观者清”。作为一直和美国“并肩作战”的盟友，白善烨对此也深有体会。美军第二十五师副师长威廉姆斯准将就曾向他诉苦：“带这么一群新兵蛋子，真是太累人了！”

白善烨非常理解这位美军将军的苦衷，他这样评价道：

“当时，美军的各级军官都是相当优秀的，无论是战术能力还是责任感，都是世界一流的。但美军士兵的素质与军官相比就差远了，我经常听到美军军官对士兵的抱怨。……其实，这也是可以理解的。二战后，一群本该在家里享受和平时光的年轻人，却不情不愿地被征调到一个陌生的国度，如何期待他们会取得骄人的战绩呢？”

造成这一现象的深层原因，是美国在二战后连续五年裁军，裁减步兵一直是主要方向。这就使地球上首屈一指的军事强国——美国，它的军队就存在一个超级短板，那便是步兵的匮乏。到一九五〇年，早已解除了战争动员的美国，已经把常备部队裁减到二百五十万人左右，其中拥有实战能力的一线师级部队，几乎屈指可数，尽管此时的美军仍然是一支庞大的军队，但是跟承担的任务相比，可谓捉襟见肘。当志愿军在第一轮进攻大获全胜之后，胜利的天平正向中国人倾斜。为解燃眉之急，李奇微敦促陆军部从美国本土雇佣参加过二战的老兵补充到前线，想尽一切办法重振部下的士气。

而对于他的对手，李奇微在回忆录中这样评价道："中国军队习惯了各种极端恶劣的天气，也习惯于忍饥挨饿，纪律严明，训练有素。"

令我印象深刻的一件事情是，当我采访柴云振老人接近尾声时，请他给今天的战士们写几句寄语，他有点不好意思地说，我没有多少文化，不知写点啥好呢？志愿军大多数是由柴云振这样的翻身农民组成的。由于文化程度很低，很多战士甚至不会写自己的名字，连队找人代写家信的队伍经常排成长龙。可就是柴云振这样没有多少文化的志愿军士兵，战斗素质却很高，创造了人类战争史上以弱胜强的光辉典范。他们冒着零下三十多摄氏度的严寒，在白雪皑皑的崇山峻岭中纵横驰骋、浴血奋战。他们在山头被敌人炮火炸低两米的情况下，坚守阵地，决不后退一步。他们在极为艰难困苦的条件下，一把炒面一把雪，顽强拼搏，经受住了生命极限的考验。志愿军最终经受了现代战争的洗礼，锻炼出了一大批适应现代战争需要的军事人才，由单一兵种作战过渡到兵种联合作战，向现代化方向迈进了一大步，使我军建设进入一个新的发展阶段。

无论如何，朝鲜战争的结局，让世界头号强国得到了许多"第一次"的体验——第一次"在没有取得胜利的停战协定"上签字画押，第一次面对战争结局享受"失望的痛苦"，第一次在一个站起来的东方民族面前低下了高傲的头……

第八章

八千里路云和月

故地重游

一九八五年十月十七日下午，朝鲜平壤，朝鲜祖国解放战争胜利纪念馆迎来了一批重要的客人。他们是中国人民志愿军英雄代表团。

熙熙攘攘的人群来到一幅战斗英雄肖像前，一位年轻的朝鲜女解说员讲述道：“这位是‘一级战斗英雄’柴云振，在抗美援朝第五次战役的朴达峰阻击战中，他率领全班战士阻击敌军，多次负伤不下火线，连续夺回三个阵地并歼敌两百多人。他不但在中国威名远扬，也让朝鲜人民万分崇敬。但由于他身负重伤后下落不明，连一张照片也没有留下，所以我们只能根据他战友的描述，为英雄画了这幅遗像，供人们瞻仰。”

代表团中一位清瘦而矍铄的老人驻足画像前，激动地聆听着解说员的讲解，不由得热泪盈眶。

年轻的朝鲜女孩突然提高声音，充满激情地说：“经过中国朋友的不懈努力，终于找到了柴云振，原来他并未牺牲。今天，他就站在我们眼前——这位就是战斗英雄柴云振！”

人群中发出一阵赞叹，旋即响起热烈的掌声。

清瘦老人赶忙走出来，面向大家鞠躬致意。

历史，终于在这里画上了圆满的句号。在众人的掌声中，柴云振亲自揭下了自己的“遗像”，结束了三十多年“活烈士”的传说，朝鲜纪念馆专门把这幅画像赠给他留作纪念。

这一年，经中央军委批准，柴云振作为中国人民志愿军英雄代表团成员，赴朝鲜参加纪念中国人民志愿军赴朝参战三十五周年活动。这个七人组成的代表团中，有抗美援朝空军战斗英雄韩德彩、特等功臣郭忠田、一等功臣郑定富等人，都是在抗美援朝中做出突出贡献的战斗英雄。

柴云振在凯歌声里又来到了朝鲜，来到了魂牵梦绕的地方。故地重游，这里再也不是焦土和灰烬，迎接他们的到处是鲜花和笑脸。当代表团乘民航客机到达朝鲜首都平壤时，前来迎接的是时任朝鲜人民军总参谋长成山将军，朝鲜群众载歌载舞，夹道欢迎，人们手持鲜花和彩旗热烈高呼：“志愿军万岁！”“中朝人民友谊万岁！”少年儿童热情地向英雄们献花致敬。

三十五年前，当柴云振跟随志愿军队伍踏上这片国土时，看到的是美军飞机昼夜不停地狂轰滥炸，朝鲜人民在战火硝烟中悲惨痛苦地呻吟。如今那满身嵌着弹皮的红松仍然傲立在山岩上，和平的阳光终于照耀这片苦难的土地，姑娘们穿着彩色长裙，顶着竹篮、水罐，走回开满波斯菊的家园。再次见到这里的一山一水、一草一木，回想起朝鲜人民昔日的遭遇，柴云振怎能不百感交集？

在十二天的访问行程中，柴云振随代表团参观了朝鲜各地，受到各地人民的热烈欢迎。最难忘的是，柴云振和代表团参加了朝鲜政府在平壤万寿台隆重举行的授勋仪式。在这次授勋仪式上，柴云振与杨成武、刘振华三人被授予最高级别的“一级自由独立勋章”。那一天，金日成亲自将这枚勋章佩戴在柴云振胸前，并握住他的手说：“感谢你曾与我们并肩战斗，出生入死！”

在授勋仪式上，金日成满怀深情地说：“在朝鲜人民最困难的时候，中国人民志愿军来到了朝鲜，同英勇的朝鲜人民一起流血流汗，打击敌人。不少人牺牲在我们的国土上，埋在朝鲜的土地上。朝中友谊是用鲜血凝成的，像鸭绿江的水一样，永远流不尽！”

随后，金日成还接见了中国人民志愿军英雄代表团，当听说隐姓埋名几十年的柴云振也来了时，不由得欣慰地说：“找到柴云振，历史应该改写过来。柴云振不是烈士，是活着的英雄。”

十月二十一日上午，柴云振随同以杨成武同志为团长的中国人民友好代表团，参加了在平安南道桧仓郡志愿军烈士合葬墓地举行的中国人民志愿军烈士纪念碑和史元厚烈士铜像落成典礼。这些年，只要一到清明节，柴云振都要燃上几炷香遥祭远方，祭奠那些牺牲在异国土地上的战友。今天终于能够来到朝鲜，亲自为他们献上一束鲜花，他心中总算有了一些安慰。

访问快要结束时，听说在朴达峰还有志愿军的墓园，柴云振很想去那里祭拜牺牲的战友。当他向朝方接待人员提出这个想法时，朝方解释说，当年的朴达峰阵地现在位于韩国境内，由韩军控制着，如果要去祭拜，涉及很多外交层面的事情，办起来非常困难。柴云振不知道这个愿望是否还能实现。他朝着朴达峰的方向，庄严地鞠了三个躬，心里默默地说，郭忠堂、王富贵、周辅清……安息吧战友们，我一直没有忘记你们，总有一天你们会回到祖国的。

寻找到柴云振后，党和人民给予了他崇高的荣誉，几十年来对他念念不忘的老首长们纷纷接见了他，特别是老军长秦基伟的关怀，令柴云振一生难忘。

在国防部长家中做客

一九八九年五月二十五日，柴云振受中央电视台的邀请，前往北京参加“六一”国际儿童节的庆祝联欢活动。二十七日上午，柴云振突然接到电话，说国防部长秦基伟同志要接见他，小车马上就到。

在此之前，就有战友告诉过柴云振，说自从找到你以后，咱们当年的秦军长就一直想见你。柴云振还有点不相信，军长一生带过那么多兵，怎么都见得过来呢？没想到三十多年了，秦军长真的还惦记着他，惦记着自己这样一名普通士兵。

放下电话，柴云振激动的心情难以平静。这种纯粹真挚的战友关系，是多么宝贵高尚的情谊啊！

他的思绪不由自主飞回到那一幕幕难忘的情景：河北邢台出国誓师大会上，年轻的秦军长带领同样年轻的他们，紧握铁拳，高呼誓言“不上英雄榜，便涂烈士碑”；朝鲜战场的烽火硝烟里，他们的汗水和鲜血流在一起，他们的青春和豪情挥洒在一起，他们把钢铁的誓言化作了胜利的捷报，共同在那块土地创造了血与火的奇迹……

如今没有想到，他们还能在人生的暮年再度相逢。

当柴云振坐着小车到达时，他发现秦部长已经早早等候在小院里。两鬓斑白的秦部长亲自为柴云振打开车门，紧紧握住他的手，声音一时间有些颤抖：“我是秦基伟，是你的老军长，你现在还认识我吗？”

柴云振激动地点头：“认得，认得！我们在沙河出国誓师大会上，听了你的报告，你讲得太好了！后来我在四十五师警卫连站岗时，也见你到师部来过。”

秦部长热情地拉住他往屋内走：“对！快进屋吧！”

黄沙百战，往事如昨。秦基伟为柴云振递上水果，高兴地赞扬道：“从报纸上看到介绍你的事迹，我就回想起了当时的情况。在第五次战役朴达峰战斗中，你们师打得不错，完成了阻击任务，保证了志愿军主力的顺利转移。你在这次战斗中，起了关键性的作用，所以给你记了功。你成为英雄，这不但是你们师的光荣，也是我们军的光荣啊！”

柴云振谦逊地说：“我能立那么一点功，全靠首长指挥得好，还有战友的支持与配合。不然我是什么功也立不了的。”

生死一杯酒，沧桑两白头。那一天，秦基伟的兴致很高，他专门叮嘱家人为柴云振准备了可口的川菜，他要和自己的士兵共饮一杯重逢之酒。老军长举起杯来向柴云振敬酒，十分动情地说：“感谢你们，感谢我们所有的战士，为祖国人民立下的英雄功勋。”说罢，秦基伟举杯一饮而尽。

那一天，将军与士兵，军长和战士，两位年过花甲的老人，谈起来之不易的胜利，谈起牺牲的战友，他们都语含哽咽，几度动容。秦基伟将军后来在回忆录中，记录了这次感人至深的重逢：

“……这样，失去音讯多年的英雄战士才有了下落。当组织上问他有什么要求时，柴云振回答说：‘我那一个班都牺牲了，只剩下我，我活在世上，应该代我的战友做点事，对组织没有任何要求。’柴云振的这几句话，说得诚恳而又简朴。此后不久，柴云振到北京来开会，我曾接他到家里来吃饭，望着这个满脸生活风霜、朴实憨厚的农村汉子，我的眼前又浮现出那些生龙活虎般活跃于朝鲜战场的小伙子们。是啊，那时候我们跨过鸭绿江，就是为了保家卫国，个人生死完全置于脑后，当我们的战士们同敌人进行殊死搏斗的时候，谁会想到以后去要个名要个利要个什么官当呢？世界上最纯洁最美丽的，是战士的情感啊！我这个当军长的，真为有这样的部下而感到骄傲。”

“对组织没有任何要求”，这是柴云振被重新找到后，他一再向组织表达的心声。人们把更多的赞美送给他，赞扬他从前不计得失，现在居功不傲。然而最理解他的还是老军长，正如他所说，当年他们这些人冲锋陷阵九死一生，谁是为了一官半职？谁能想到自己可以活下来？

人们赞美柴云振隐姓埋名深藏功名，其实他根本就没有“藏”，也不用“藏”，因为他当初扛枪打仗就不是为了功名利禄。老话常说“生死之外无大事”，他把生死都看得风轻云淡，还有什么功名利益能令他心存纠结？

然而，人生的考验何止在战场。名与利的试金石，丝毫不亚于生与死的选择题。在猝然而至的荣誉面前，老兵柴云振又一次孤身站到了“朴达峰”。这是一次前所未有的任务——他的面前是一座精神的朴达峰，他需要阻击的，是各种复杂纷繁的现实问题。

重上“朴达峰”

今天，如果你去四川岳池县，随便在街头巷尾找人问起“柴云振”这个名字，无论是谁都会给你讲上半天他的故事。柴云振，就是这座川东小县引以为豪的精神象征，是岳池人有口皆碑的光荣传奇。

自从柴云振被找到后，全国各大媒体纷至沓来，一拨拨作家、记者踏破了柴家的门槛，那些年岳池人只要听说是来采访的，都知道是来找英雄柴云振的。

一个个向英雄学习的活动蓬勃地开展了起来。于是请柴云振去作报告、讲传统的单位和地区越来越多了。他走到哪里，哪里都是鲜花和赞美，都是满怀尊敬的目光。

眼花缭乱的闪光灯、长枪短炮的摄像镜头、大小报刊的连篇报道……一夜之间，柴云振的身份发生了巨大改变。他从一位朴实无闻的老农，一下站到了万众瞩目的舞台中央。由于人生这个大弯转得实在太快太突然，他们全家都没有做好准备，以至于最初都有点难以适应。

一九八四年十一月九日，当柴云振从湖北孝感的老部队返回四川时，他的身份已今非昔比。一个多月前离开家时，他是双腿沾满泥巴的老农民；一个多月后再回来时，他已是战功显赫的大英雄。

成都军区和四川省委、省政府的领导在锦江宾馆隆重接见了柴云振，称赞他无私奉献、从不言功的高尚品德。回到南充地区，家乡人民更是以最高规格盛情欢迎英雄归来。在红旗剧场举行的盛大欢迎会上，南充地委、行署号召全区人民向英雄柴云振学习。随后，柴云振当选岳池县政协常委、四川省政协委员。

一九八八年，柴云振当选为第七届全国人大代表，四月赴京参会，受到党和国家领导人邓小平、李先念、杨尚昆等接见。接见前，他就想好要对邓小平说，我就是您指示要找到的那个人，他有太多感谢的话想对小平同志说。可当邓小平握住他的手时，他激动得把想好的话都忘得一干二净，只有热泪夺眶而出。

赢得荣誉固然不易，保持荣誉更加不易。柴云振成了家喻户晓的英雄，结识了那么多位高权重的领导和首长，自然会引起无数人的期待和猜测：柴家这下该扬眉吐气、飞黄腾达了，随便哪个大领导一句话，不就解决下半辈子的问题了吗？再说，他当年本身就是大功臣，要是不被阴差阳错埋没了这么多年，要是当年留在武汉的老部队，说不定早就当“大官”了。应得的荣誉迟到了几十年，党和政府如今怎么着也不会亏欠他了吧？

于是关于柴云振各种“贵人相助”的故事，在民间传得绘声绘色，还有人发表文章绘声绘色地讲述国防部长秦基伟如何派专人赶到岳池，把柴云振接到北京盛情款待，然后送了他一辆崭新的大卡车的故事……

就在这些形形色色的猜测和传言中，柴云振这位出了名的战斗英雄，从此不得不面对另一个战场——如何对待名与利、得与失的战场。

一九八五年从朝鲜访问归国后，考虑到柴云振晚年的生活保障，老部队决定出面协调为他安排工作。十五军的首长们说你现在有什么要求，想去哪里工作，都可以提出来，现在主要征求你的意见。柴云振想也没想就脱口而出道，我没得啥子要求，从哪里来，回哪里去，我还是想回去当农民种庄稼。

这绝不是柴云振故作高姿态，而是他的真实想法。他心里埋着一个几十年都过不去的坎——牺牲的战友。和那些牺牲的战友相比，他觉得自己多活了那么多年，几十年农民都当过来了，有什么想不通的事，又有什么过不去的坎？

柴云振没有想到，五十九岁被老部队重新找到的一九八四年，竟然从此成为他人生的分水岭。以此为界，他的人生正好由两个“三十三年”组成：第一个隐姓埋名“三十三年”，他经受了“苦与乐”的考验，面对再困难再艰辛的环境，他也从没有打“退堂鼓”，而是把困难当作垫脚石，不断垫高人生的高度；第二个扬名全国的“三十三年”，则考验着他如何面对名与利的挑战。而这场无形而漫长的“人情战争”，并不亚于当年的朴达峰战斗。

各种认识不认识的人七弯八拐纷纷找上门来，柴云振感到了沉甸甸的压力。战争年代面对一场场泰山压顶的血战，他一次次报名参加突击组，在枪林弹雨中冲锋陷阵，从来不曾有丝毫畏惧。而今面对这斩不断理还乱的人情世故，他却有一种应对乏力的疲惫之感。

几十年来无论家庭多么困难，生活多么艰辛，他从未想过向组织提要求、要待遇，更不会利用职权为亲属谋私利。党的十一届三中全会以后，各级都在平反冤假错案，有的人又官复原职了，很多同事劝说柴云振：“你当过党委副书记，又没犯什么错误，你还不赶紧去找领导，为你落实政策？”柴云振淡淡地说：“组织上又没给什么处分，我这不算冤假错案。再说我年纪大了，回去也做不了什么工作，何必再给组织上添麻烦。”

可自己的事能够想得开、看得淡，身边这些复杂的人情如何处理？他感到，自己重新站上了一座无形的“朴达峰”。这一次受到考验的是他自己，这一次需要阻击的“敌人”叫作“名利”。

柴云振郑重通知全家人，决心好好开一个家庭会议，所有人都不准缺席，除了在外地工作回不来的，其他人都要赶回来参加。

那是一个周末的夜晚，月朗星稀。柴云振把一家人都叫到身边，语重心长地说：“这些年，你们跟着我这个一家之长，确实吃了不少苦，受了不少累。但扪心自问，我好歹当过乡干部，曾有一份工资，家里生活再困难也比一般农民要好一点。我在新中国成立前走过的是一条什么样的道路，你们大概都知道一点，但以前从没有机会给你们讲清楚。今天，我就好生讲一讲这些经历，讲一讲我是怎么走过这大半生的，然后你们再想一想，我该不该向党和组织伸手，你们该不该提那些过分的要求。”

于是，柴云振第一次在全家几代人面前，讲述他漫长曲折的人生往事，讲述他这一辈子为什么要清清白白做人，干干净净做事。

第九章

苦难人生

避祸他乡

四川东部的岳池县，这里虽然土肥地沃，但由于自古江水为患，灾害频繁，老百姓生计艰难。中华人民共和国成立前，岳池是川东有名的穷县。由于连年军阀混战，社会失控，这里有著名的“四多”：“棒老二”（土匪）多、恶霸多、抓丁拉夫多、苛捐杂税多。特别是国民党政府抓丁派款多如牛毛，岳池的老百姓终年生活在水深火热中，没有一天不面临饥饿惶恐。二十世纪六十年代家喻户晓的四川方言电影《抓壮丁》，就和岳池这段苦难历史有着不解之缘：这部电影不但在岳池开机拍摄，它的编剧兼主演吴雪先生还是岳池人，此片就是他根据家乡的原型素材创作的。由此可见，国民党强行抓丁给岳池人造成的灾难有多么深重。

一九四一年深秋的一个夜晚，细雨蒙蒙，冷风嗖嗖。岳池县大佛乡火把通明，鸡犬不宁。趁着月黑风高，大佛乡的蒋保长抓壮丁的队伍又连夜出动了。

大佛乡南的一户穷苦人家里，一位衣衫褴褛的妇人和儿子抱头痛哭。十五岁的少年柴云振和母亲告别。

“娃儿快跑，”老妇人急匆匆擦干眼泪，赶紧催促道，“垭口上的狗都叫起来了，你快些走，再晚就来不及了！”

柴云振抓过包袱泪流满面，不忍心迈出家门。当妈的心如刀割，使劲把儿子往门外推：“娃儿啊，再不跑就来不及了，到外面一定记住要做好人，不能干伤天害理的事。千万不要给家里写信来，免得蒋保长知道了，会按信上地址去抓你。”

村口的狗叫得越来越凶了，杂沓的脚步声已清晰可闻。柴母塞给儿子一把皱巴巴的钱：“这是我卖嫁妆交租佃积下的，你拿去路上花，赶紧跑！”

少年柴云振连忙跪下，磕了几个响头，哽咽着说：“妈，您老多保重，娃儿一辈子不忘您的养育之恩！”说罢，他逃出家门，融入茫茫夜色之中。

柴云振前脚刚走，蒋保长后脚就带着如狼似虎的乡丁闯了进来。这伙人翻箱倒柜不见柴云振的踪影，蒋保长气急败坏，对着柴母连打带踢：“好你个老妖婆！四个儿子你已打发跑了两双，剩下这个养子还要窝藏，你该当何罪？”

远远地，柴云振听到了母亲的哭喊声，他心如刀绞：“君子报仇十年不晚，老子总有一天要回来的！”他狠狠地一咬牙，只得逃生去了。

一九二五年农历十月初四，柴云振出生在一户姓曾的贫苦人家。他从小就身世飘零，是个苦水里泡大的孩子。他的父亲曾明顶无田无地，靠打短工、捡狗粪为生，落了个外号叫“曾狗屎”。曾明顶因为军阀抓丁逼捐，无法生存，才背井离乡来到大佛乡，搭起几间草房，带着全家艰难度日。

柴云振出生八个月后，面黄肌瘦的母亲无奶喂养，眼看这个小生命就要夭折。同乡有一位木匠柴占春乐善好施，不忍心看这孩子饿死，把他抱养了回来。柴占春虽也是穷苦人，但凭着一手木工活，至少还可以养家糊口，曾家的这个孩子从此就改姓了“柴”。

柴氏夫妇都是心地善良之人，从小对抱养来的柴云振就视如己出，比亲儿子还亲。可惜柴云振命苦，六岁刚进学校念了几天书，七岁时养父便去世了。当时四川军阀混战不休，到处抓丁拉夫，四个哥哥先后出逃，家里只剩下母亲和柴云振两人。母亲无奈之下，只得让儿子辍了学。

几年光景后，柴家就债台高筑，欠下地主五斗谷的账。面对天天登门逼债的地主，母亲苦苦求情，以泪洗面。生性刚烈的柴云振受不了这份窝囊气，十二岁那年就主动提出去给地主扛活抵债。

冬去春来，小长工柴云振和大人一样起早贪黑，日晒雨淋，每天累得骨头散了架。幸而“穷人家的孩子见风长”，一晃几年后，十五岁的柴云振长成了一个大小伙子，用自己的工钱抵了三斗半谷，母亲变卖嫁妆还清了剩下的债务，漫长的苦日子眼看就要熬到头了。

可眼看这个小伙子长得牛高马大，早就引得乡保长们贪心四起：在他们眼里，哪个壮丁不是白花花的银子？柴家这个男娃子，他们已经盯上很久了。

十五岁的柴云振又添了一件揪心的事：躲抓壮丁。

那时候，国民党在基层负责征兵的是乡镇上的保长、甲长。征兵是一项可以生杀予夺的肥差，这帮人借此巧取豪夺，无恶不作。当时有句口号，“有钱出钱，有力出力”。他们指定谁家出青壮年当兵，谁家就必须把人交出来。如果不想去也可以，那就得拿钱贿赂保长、甲长。一些纨绔子弟贪生怕死，不愿当兵就买人顶替。而穷人家哪有那么多钱送给这些喂不饱的狼？就算凑钱打点一通，暂时被排除在征兵名单之外，但如果保长、甲长们无法完成征兵任务，那无论给了多少钱，人还是要被抓走，最后能保住孩子的都是富裕地主之家。

抗战中后期，四川地区征兵舞弊严重，一些县、区、乡兵役官员和保长、甲长绞尽脑汁买卖壮丁。为了敲骨吸髓，保长、甲长们无所不用其极，甚至绑架路人凑数。柴云振亲眼看着那些被抓去当兵的人，一个个被五花大绑，像押犯人似的弄走。这些人被送到国民党军的兵营后更是受尽虐待，九死一生，很多人一去就杳无音讯。走投无路之下，有些青壮年男子不惜自断右手食指，以不能扣扳机为由逃避兵役。

从稍稍长大成人开始，少年柴云振就如同一只逃避追捕的羔羊，他一面在地主家扛活当长工，一面随时提心吊胆担心被人抓走。在逃壮丁的日子里，他晚上连家都不敢回，夏天躲进石洞里，冬天钻进稻草堆，像个野人似的东躲西藏。

难逃厄运

然而，“是祸躲不过，躲过不是祸”。

有一天晚饭后，一位好心的长工悄悄告诉柴云振：“大佛山石寨子的蒋保长今晚就要抓你去卖壮丁，还不趁着天黑赶紧逃？”柴云振一听如炸雷轰顶，六神无主。这位好心人又帮他支着：“你往南跑过合川县，沿着嘉陵江去重庆，重庆舍家巷有个开醪糟作坊的掌柜叫李先奎，是咱村的。亲不亲，故乡人。你去投奔他，也许还可以混碗饭吃呢。”

听了好心人的话，柴云振收拾行装连夜出逃。他白天不敢走大路，只好在晚上沿着长江边船工拉纤的道路，一路攀石岩、穿荆棘，经过三天昼伏夜行，受尽千辛万苦来到了重庆。

幸好天无绝人之路，经过同乡的引荐，重庆开醪糟作坊的老板李先奎收留下柴云振，他才在这里安下身来。从此，柴云振每天挑了醪糟，到街上四处叫卖。虽然是兵荒马乱的岁月，但总算是能够对付生计了。

时间一晃过了五年。柴云振每天披星戴月，挑着一百多斤的醪糟担子，在山城重庆爬坡过坎，走街串巷，一天到晚累得腰酸腿疼，然而他始终咬牙坚持着，因为未来的生活还有盼头。他一心想尽快攒下几个钱，好把含辛茹苦的母亲从岳池接出来享几年福，回报老人家的一番养育之恩。

但在那个风雨飘摇的年代里，“宁作太平犬，不为乱世人”，命若蜉蝣的柴云振，在时代的风暴中不过如同一片柳絮。就在他以为人生出现一丝亮光时，大祸还是从天而降。

抗战胜利后的中国，到处一片欢庆景象。饱经战乱的人们期盼着和平。但是，当时的国民党却顽固坚持独裁专制统治，一心要除掉共产党领导的解放区和人民军队。一九四六年六月，国民党开始在全国各地疯狂拉丁补充前线，重庆也掀起了抓丁拉夫的高潮，四川的百姓整日笼罩在恐怖的阴影里。

这年初夏，柴云振刚刚满二十岁。有一天夜里很晚了，他刚把一担醪糟卖完，买了块热红薯正往回走，忽听背后不远处一声断喝：“站住！”柴云振扭头一看，路边灯影下几个当兵的端着枪向他跑来。

“糟了，抓壮丁的！”

柴云振下意识地拔腿就跑。他穿大街越小巷一路飞奔，那几个荷枪实弹的士兵穷追不舍。柴云振忽然想到，不能再往前跑了，前面就是李先奎老板的醪糟铺，不能把恩人李先生也连累进来。他心生一计，把醪糟担子丢在通往另一个方向的路口，摆了一个迷魂阵，然后七绕八拐上了山，在一片树林里藏了起来。

重庆是出了名的雾都。午夜过后，大雾便像浓烟一样从江面上升腾起来，天地间白茫茫一片，分不清东西南北。柴云振躲了大半夜，饥寒难耐，他想趁着大雾溜回去再作打算。

他悄悄摸下山来，回到李掌柜的醪糟作坊门口，轻轻拍打了几下门环。李掌柜夫妇闻声起床，一见他回来便知大事不好。刚把他放进来，早就埋伏多时的兵丁们已在踹门叫嚣：“他妈的，快给老子开门！”

李掌柜见情况紧急，赶快拉住柴云振道：“还不快躲一下，他们已在这里等你老半天了！”

柴云振大吃一惊，可这间小店能往哪里藏？

“快到捂醪糟的地方去躲一下！”李掌柜情急之下，把他塞进一个大缸里，他的妻子又用烂棉絮将缸严严实实盖起来。

柴云振刚刚藏好，大门就被撞开了，几个国民党大兵一拥而入。

这伙人一边掀锅摔凳，一边威逼恫吓。他们爬上了柴云振平时睡觉的阁楼。只见被子还整整齐齐地叠着，手一摸是凉的。

“奇怪，明明有人看见他进来了，这小子是上天啦，还是入地啦？”那个领头的怒火中烧，抓住李掌柜的衣领就是一顿耳光。

“你们凭什么打人？”李掌柜的妻子哭喊着扑上前。这下招来了兵痞们一番枪托猛砸，凄厉的哭喊声响彻夜空。

“住手，我跟你们走！”柴云振实在听不下去了，猛然从破棉絮中站了起来，他不忍心再连累善良宽厚的李掌柜夫妇。

几个兵痞大喜过望，七手八脚将柴云振捆了起来，推着就往外走。那个领头的一阵得意狂笑：“老子总算是把你找到了。你也休要怪老子，是叶保长把你卖了三担谷、五块大洋的壮丁。”

柴云振这才明白，原来是当地叶保长见财起意，出卖了他。五年前，他好不容易躲过了一次魔爪，而今终究没有逃过这一劫。

柴云振被抓壮丁的当天早上，就和其他人一起被押上了轮船，送到国民党军队去湖北、安徽一带打新四军。他被反剪着双手站在甲板上，望着滔滔不尽的江水，心中充满无限悲愤。这些年他一心只想苟活于乱世，却还是没能逃出任人宰割的命运。老天啊，你对穷苦人为何如此不公！

屈辱生涯

柴云振被抓后，被分配到国民党青年军二〇三师一三六团一营一连当伙夫。二〇三师是国民党于一九四六年才组建的一支新队伍，这支部队经美军顾问帮助整训后，趁着新四军撤出中原根据地之际，开到湖北武穴，配合地方反动武装，大肆捕杀共产党员和进步人士。所到之处雁过拔毛，一片荒凉。

国民党军队纪律涣散，腐败堕落，每到一处都闹得鸡飞狗跳，民不聊生。军官们从不把士兵当人看待，动辄拳打脚踢，当兵的个个骨瘦如柴。有些老兵油子混久了，也胡作非为起来，对老百姓横行霸道。秉性善良的柴云振一直牢记母亲临别时的教诲，尽量做个好人，不干伤天害理的事。天下穷苦人都不易，他不忍心去占老百姓的便宜，还时常规劝那些胡作非为的士兵。在那样一个污泥浊水的环境中，他自然招来了一些人的嫉恨，公报私仇便成了家常便饭。

一九四七年十月间，挺进大别山的刘邓大军一举歼灭了盘踞在蕲春以东、武穴西北的国民党部队，给二〇三师以沉重打击。十二月的一天，柴云振所在的一三六团溃败到蕲春县。由于一路炮火封锁，柴云振送饭上阵地时迟到了一会儿，那个四川来的麻姓营长早对他恨之入骨，此时青筋暴跳，对他一顿狂骂："他妈的，你在搞啥子？这么晚才送饭来，害得老子好等！"

不待骂完，恼羞成怒的麻营长抽出挑饭的扁担，"呼"的一声就朝柴云振腰上打去。这一记实在太狠，柴云振只觉眼前一黑，栽倒在地，痛得在地上直打滚。

"你个龟儿子还懒不懒？"麻营长仍不罢休，继续用扁担朝柴云振砸过来，"起来给老子挑起走，要不然毙了你！"

柴云振疼痛难忍，恨得牙痒痒。好汉不吃眼前亏，他捂紧腰挣扎着爬了起来，双目圆瞪，怒视着对方。麻营长见他伤得不轻，怕没人做饭，又见他一副要拼命的样子，才不得不骂骂咧咧地走了。

这样的侮辱打骂，柴云振在国民党军队里不知遇到过多少回了。

国民党士兵所受的压迫，达到了骇人听闻的地步。在经济上，军官们虚报士兵人数、贪污空额薪饷的"吃空饷"现象非常普遍，克扣士兵伙食费更是常态，有的军官甚至以"保管"、赌博等形式，想方设法勒索士兵钱财。在人身上，国民党军队通行残酷的体罚、肉刑制度，军官对士兵，上级对下级有随意打骂的权力，甚至草菅人命。

军官带兵有一句口头禅，叫"不打不成兵"。挨扁担是司空见惯的体罚，许多士兵的骨头被打断，落下终身残疾。更狠的还有军棍打屁股，常常有士兵被活活打死。军官打完士兵后，通常叫人抬回去就不管死活了。如果在部队出现了伤病，那就更为悲惨。当时国民党政府经济极度困难，部队医院缺医少药，很多受伤的士兵根本无法得到医治，如果在驻地还好一点，若是在行军途中则只能等死。

麻营长这一记扁担留下的是肉体的伤，更是心中的恨。柴云振早已暗下决心，要早点逃离这暗无天日的腐败队伍，再也不能跟这伙人混下去了。

可是在国民党军队里当逃兵，那可不是开玩笑的事。

柴云振曾亲眼看到被抓回的逃兵，有的被当众枪决，有的被活活打死，有的被切手断足折磨而亡。那惨状，使人毛骨悚然，惨不忍睹！他知道必须小心谨慎，看准时机，才能脱离虎口，不然只会惹火烧身。

一天晚上待到夜深人静，柴云振私下约了六个四川老乡一起商量，他鼓动大伙儿："咱们不能再给这样腐朽的队伍卖命当炮灰了，得赶紧想法逃跑！"

大家一听纷纷赞同。他们商定先分头出走，等逃出去后再集中，他们共同推选柴云振来领头指挥。

在湖北武穴的一次战斗中，柴云振所在的国民党部队被解放军打散了。瞅准这个时机，柴云振立即组织大家开始逃亡。

这天凌晨，到了换岗时间，柴云振扛起一袋米，故意大模大样地向外走去。

"走哪去？"一个值班官拦住他问。那时溃败的国民党部队中士兵逃跑成风，站岗值勤的士兵警惕性很高。

"送米去做饭。"柴云振一把扔下米袋，故作生气地说，"你们要是不想吃早饭，我这就扛回去。"

"送米为啥要背着枪？"值班官有些狐疑地问道。

"长官，如今到处兵荒马乱，还不得防个身啊？"柴云振镇定自若地回答。

那人不再吭声了。

柴云振顺利骗过了岗哨，大步流星往外走去。

外层岗哨是一个四川老乡，自己人。把柴云振等几个同乡放走后，他观察了一会儿马上追过来。

黎明前的天空格外黑暗，他们不顾一切往前飞跑。终于飞出牢笼，逃出了虎口。这一路有的扭伤了脚，有的头磕出了血，但他们都如释重负，兴奋异常，庆幸没人追上来。

投奔光明

一九四七年底，柴云振带着几个老乡，逃到了湖北省的桐子河。

接下来该往哪里去呢？回去是不可能的了，被国民党军队抓住，不被打死也要打残；回老家去，不但没有路费，就是回去也逃不脱，还要被抓壮丁……这时他们发现河对岸就驻扎着一支解放军部队，可由于国民党军的反面宣传，大家一时摸不清底细，不知道该不该去投解放军。

面对犹豫不决的同乡，柴云振大胆地提议道："我们先过河去看看情况，再作打算。我听人说解放军不会虐待俘虏，当兵、回乡，全凭自愿，我们去了就说要回家，先试探一下他们的态度。"

大家眼见也没有更好的办法，只好同意试一下。于是他们都把枪倒背过来，双手提着裤子以示不会摸枪反抗，小心翼翼地向解放军驻地走去——这是当时国民党军士兵投诚时的惯常做法。

一个庄稼汉模样的解放军干部热情接待了他们，对他们的到来表示欢迎。解放军友好和气，这些饱受欺凌的青年，第一次感受到平等温暖的情谊。

"老乡，你们是想继续当兵，还是有其他打算？"解放军干部温和地问他们。

“我们受不了国民党军的虐待才逃跑的，早就当够了兵，现在只想回家奉养父母，听说贵军奉行来去自由的政策，是吧？”其中一个人小心翼翼试探着说。

其他人也异口同声表示附和。

解放军干部没有丝毫不快，爽快地说：“那也好。我们解放军确实奉行革命自愿、来去自由的原则。我先送你们到县人民政府，再由他们护送出境。”解放军干部带着他们，边走边说：“现在到处有盘查，我怕你们一路不顺利。”

看到他们仍然心有余悸的样子，解放军干部耐心地解释道，共产党对待俘虏和投诚人员，历来给以宽大待遇，不杀他们，不侮辱他们，不没收他们的私人财产，对伤病员还给予治疗，给他们以和人民解放军干部战士同样的生活待遇。所以请柴云振和他的伙伴们放心，在这里安全绝对有保障。

柴云振一行来到县人民政府，当晚共产党的一位高姓县长接见了他们。高县长耐心做他们的思想工作：你们都是劳动人民出身，是被迫参加国民党军的，本身就是国民党腐朽反动政权的压迫对象，不要听信他们的欺骗宣传，可以在这里用自己的眼睛看看，我们到底是一支怎样的军队。

听了高县长的介绍后，柴云振和同伴们就多留了些天。就在这段时间里，柴云振看到了国民党军队中根本不可能发生的“稀奇事”：解放军官兵人人平等，情同手足，干部和士兵吃住训练都在一起，当兵的和干部同吃一锅饭，军队和老百姓亲如一家人。共产党军队官兵之间相互信任、“很讲仁义”，这些都和国民党军形同水火的官兵关系形成强烈对比……一桩桩、一件件闻所未闻的新鲜事，在柴云振心中打上了深深的烙印，解除了他思想上的顾虑，令他对这支部队肃然起敬。

他们休息了几天后，就由民兵护送到了共产党领导下的蕲春县独立营。营里的赵排长接待了他们。

在这里，萦绕在柴云振心中的许多疑问得到了解答。赵排长对人热情开朗，水平也很高，他讲共产党领导的军队是为劳苦大众闹翻身求解放的，我们都是从老百姓中来，为老百姓打仗的，最终目标就是要让咱们老百姓过上好日子。他还细心地询问柴云振家中有几口人，现在打算怎么办……

几天下来，柴云振深感这是一支和国民党军截然不同的队伍。他经过一番深思熟虑，找到赵排长坚定地说："我不打算回家了，想留在部队里，跟你们一起干！"

就这样，一九四八年一月，柴云振加入了人民军队，被编到蕲春县独立营二连三排三班当战士，从此走上了崭新的道路。与柴云振一起投奔解放军的几位老乡，也被分配到了独立营。

蕲春地处湖北东部，大别山南麓，是一块群众基础较好的革命老区。这支县独立营是地方武装力量，主要是配合正规部队展开游击斗争，打击那些地方上的反动顽固势力，镇压罪大恶极的土豪劣绅，维持后方秩序，为支援前线服务。

柴云振加入了独立营后，在历次战斗中表现出色，立场坚定，行动积极，很快被指定为战斗组长，不断受到营部首长的表扬，他在人民军队中迅速成长起来。

然而，就在一个崭新的生活画面在柴云振面前徐徐展开时，命运之神又和他开了一次残酷的玩笑。接下来，他在两支军队中又经历了一次颠沛流离的战争征途。

再入虎口

一九四八年秋的一天，柴云振奉命带着两个战士到黄梅县与蕲春交界处的大河铺领取棉衣、军鞋等支前物资。

由于情报侦察方面的疏忽，柴云振一行猝然陷入了一个意外的险境。他们刚一进镇，就发现了一个意外情况：这儿竟然驻有国民党的部队。柴云振赶紧带着战士迅速撤退，但为时已晚了，国民党军发现了解放军的踪迹，全镇响起尖利的枪声，敌人潮水般一路追来。

柴云振仔细观察四周地形，发现镇后有一座大山，树高林密，重峦叠嶂，应该有回旋的余地。他当机立断，把手一挥："撤，往山里去！"

当他们一路猛跑到山腰时，一道刀削般的陡崖，截断了去路，他们陷入了无路可退的绝境。

柴云振咬了咬牙，坚定地说："我们人少，但居高临下，把敌人放近了再打！"

敌人一边吆喝着为自己壮胆，一边胡乱地放着枪，山头的包围圈越来越小。

柴云振和两名战士仅有两支步枪、一支冲锋枪，九十多发子弹。他把五十发子弹摸了又摸，双眼死死地盯着逼上来的敌人。敌人一个个蹑手蹑脚地向上爬，离他们越来越近了，九十米，七十米，五十米……

“嗒嗒嗒……”一阵冲锋枪扫射，敌连长及十几个国民党士兵纷纷滚下山去。敌人被压在山下，不敢抬头，一阵胡乱开枪。子弹打在柴云振身旁的石头上，炸得碎石乱飞。

敌人见柴云振他们的枪响了一阵停了，也停止了射击。一个排长模样的人想抢头功，率先站起来往上冲，被“嗒嗒”几声枪响“送回了老家”。

气急败坏的敌人调来了迫击炮，炮弹在柴云振身边炸得树断石裂。双方又僵持了好一阵。

“快投降吧，缴枪不杀，国军宽待你们！”国民党兵有人大声喊话，却没有人敢往上冲。

这些狗娘养的真是异想天开。柴云振眼见弹尽粮绝，决心以死相拼。他们打开刺刀，决心和敌人肉搏。

突然，一阵石头滚落的声音惊动了柴云振，原来十几个敌人从背后两丈多高的山崖上展开了偷袭，转眼就冲到面前了。枪声一响，两名战友倒在了血泊中。敌人蜂拥而上，将柴云振团团围住。

柴云振抓起最后一枚手榴弹，咬去导火索扑向敌人，决心与敌人同归于尽。

一个惊慌失措的敌人从他背后一跃而起，拼命往柴云振手臂猛地一击，手榴弹被弹出丈余就爆炸了，几个敌人倒地身亡。

这时，一个高个子敌人乘机冲到背后，恶狠狠举刀向柴云振砍来：“妈的，打死老子这么多弟兄！”紧急关头，一个副官模样的人突然拉住了他的手：“营长，抓个活舌头，回去好立功。”

柴云振正待举枪刺人，几个敌人一拥而上，将他紧紧按住。

就这样，寡不敌众的柴云振，第二次落到了国民党军队手里，被敌人五花大绑押到大河铺的兵营中。

原来，这是一支四处寻歼独立营的国民党部队。现在抓住了一名俘虏，这群像猎犬一样到处侦寻解放军踪迹的国民党士兵，自然不会放过这个大好机会。

敌人先是威逼利诱，继而拳打脚踢，柴云振被打得遍体鳞伤，但他就是坚不吐实。敌营长暴跳如雷，拳头、皮鞭雨点般落在柴云振的身上，终于将他折磨得昏死过去。

眼见捞不到什么好处，敌人为了邀功请赏，便把柴云振送到了武昌战俘营。

在武昌战俘营这一年的牢狱生活中，柴云振受尽了非人的虐待，被折磨得皮包骨头，他更加看清了国民党的腐朽反动，看到了这个政权不可避免的灭亡命运。

国民党拨给俘虏营的经费本就少得可怜，经过层层盘剥、侵吞贪污，最后所剩无几，再加上物价飞涨，货币贬值，俘虏每顿只能吃到两小碗豆渣饭，再后只剩萝卜叶煮豆渣了。饭食不但数量少，而且难以下咽，柴云振饿得浑身无力，如患大病。

每天望着铁窗外的太阳，听着不息的“哗哗”江水声，柴云振思绪万千，心中涌起阵阵酸楚。他想到自己年纪轻轻就饱受磨难，几番死里逃生，而今又被囚牢笼，这一切到底是谁造成的？是万恶的蒋保长、叶保长吗？可他们凭什么能胡作非为？我为什么逃不脱他们的手掌心？要怪穷凶极恶的麻营长吗？可又是谁给了他草菅人命、无恶不作的权力？这二十多年来，他只看到国民党是天下乌鸦一般黑，只要落到他们手里，像他这样的穷人就没有好下场，永远没有出头之日。

但是现在，无论日子多么痛苦难熬，他心中总还燃烧着一丝希望。因为加入共产党的队伍，才让他柴云振真正做了一回人。虽然参加解放军的时间很短暂，但那种为中国人求解放、谋利益的理想信念深深地感召着他，激励着他，使他看清了国共两种军队的本质区别，让他知道还有人人平等的清平世界，这是他一生难忘的“成人礼”。

第十章

淬火成钢

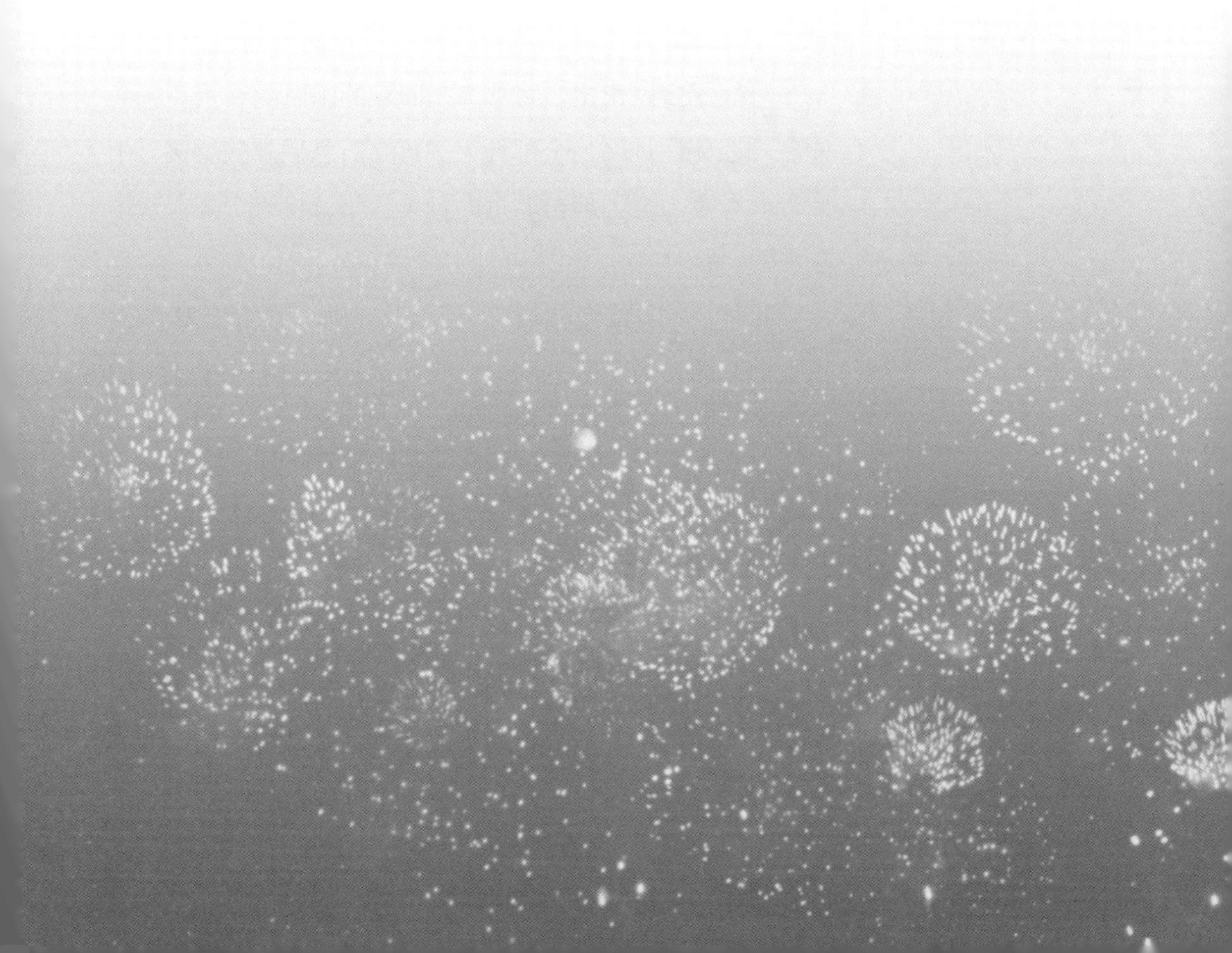

归心似箭

柴云振在战俘营度日如年，外面的形势却一日千里。随着解放战争进程的加快，国共两党战略决战在中原大地展开。毛泽东深思熟虑后，毅然决定，发起淮海战役，将国民党军最大的作战集团歼灭于淮河以北，决胜中原。

一九四八年十一月六日，规模空前的淮海战役打响。华东野战军多路出击，将从海州回撤的国民党军黄百韬兵团包围在碾庄地区，全部歼灭。蒋介石急调部队增援，中原野战军主力全力堵击北进的黄维兵团，将之合围在双堆集地区。

此时，眼看淮海战场一天天吃紧，国民党军已像输红了眼的赌徒，为了紧急增补前线兵员，他们连战俘也不放过了。柴云振被从战俘营拉出来，塞进了黄维十二兵团新编七十五师战炮连，被驱赶至淮海战场。

黄维十二兵团毕竟是国民党的嫡系主力，蒋介石在这个兵团上花足了血本。敌人陷入重围后，很快稳住了阵脚，建立了比较坚固的防御体系，并把这种防御措施称为“硬核桃战术”，扬言“要让共军啃掉牙胀破肚子”“败北于阵前”。十二兵团副司令官胡琏就在电台里用明语向南京狂妄地吹嘘：“我这个核桃又大又硬，刘伯承啃不动，吞不下。”

敌人这么嚣张不是没有理由。他们以双堆集为核心，凭借周围二十几个小村庄，构筑集团工事，组织环形防御，各种火炮、轻重机枪、火焰喷射器重叠配置，几乎控制了每一寸土地。敌人只是把头缩起来了，内脏并没受到致命打击。解放军有些部队低估了敌人转入防御的能力，试图用一战决输赢的办法幸运取胜，结果不仅没能突破，反而增大了伤亡，战争出现了胶着状态。

在此情况下，总前委明确告诫各纵队：敌坚守待援，我不宜一鼓攻歼。应首先攻其外围，削弱敌人有生力量，采取稳定的攻坚战，构筑纵深坚固的攻防阵地，攻占一村，坚守一村，围师不攻，紧缩包围，一口一口把敌人吃掉。

总前委这个指示非常及时，既缓解了部队的急躁情绪，又提出了打破敌我僵持局面的指导原则。人民解放军各级充分发动群众，认真研究战术，摸着石头过河，以勇敢加智慧，一步步砸碎敌人的“硬核桃”。

十二月五日，刘伯承、陈毅、邓小平发布命令，从十二月六日十六时起，对黄维兵团发起全线总攻击。经我军连续突击，步步紧逼，敌十二兵团兵力越来越少，地盘越来越小。起初他们还奢望凭借实力坚守阵地，争取时间，作一番挣扎，到最后外围阵地连连失守，所谓的“硬核桃”也没有多少皮了。

国民党军被几万人马重重包围，只能靠空投度日。随着包围圈越缩越小，空投物资至少有一半落在敌我之间的空地上，有的还飘到我军阵地上。落在敌人阵地上的一点东西，不仅解决不了问题，反而引起一阵又一阵哄抢、火拼、践踏。

在天寒地冻、缺衣少食的重重危机面前，国民党军已经内无粮草，外无援兵，内部派系之间、官兵之间固有的矛盾越来越尖锐化和公开化，阴森的气氛和绝望的情绪笼罩着官兵。

柴云振就在陷入绝境的黄维兵团中苦苦煎熬着。自从他被强拉到这支国民党连队中，就像犯人一样处处受到监视、看管。这个战防炮连的组建本身就令人啼笑皆非。连队使用的是当时最新美式反坦克歼击炮，可是对于小米加步枪的人民解放军来说，哪儿有什么坦克给他们打，这个连队的装备欲用不能，欲弃不舍，实际成了中看不中用的“鸡肋”。

黄维兵团外无援兵，内无粮草，官兵们饥寒交迫，有马的杀马吃，无马的干挨饿。有时飞机空投一点食物，为了抢吃的，士兵们大动干戈，互相残杀。解放军前沿部队抓紧时机开展政治攻势，在敌人阵地前树立标语牌、喊话，有选择地释放俘虏往回带劝降信，把稀饭、馒头、香烟摆在中间地带，通知敌人来取……特别是反复播送刘伯承、陈毅司令员的《促黄维立即投降书》，更对敌方官兵起到了巨大的精神威慑和瓦解作用。先是国民党军一些零散士兵携械归降，后来发展到整班、整排甚至整连投诚。淮海战役中我方俘获敌军之多是空前的，而“即俘即补即战”也创造了战争史上的奇观。周恩来曾对此给予高度评价：“我们的战士有很大部分是俘虏过来的，称为解放战士。有的部队，解放战士竟占百分之八十，少的也占百分之五十至六十……在打黄百韬时，情形竟发展到上午的俘虏下午就参加作战。当时的解放战士现在有许多已经做了排长、连长。这种情形是世界战史上所少有的。”

在广泛开展群众性的战场政治攻势的同时，中共中央、中央军委还加紧进行在国民党军内部的策反工作。淮海战役中，长期隐伏在国民党军中的中共秘密党员何基沣、张克侠于决战前夕率部起义，廖运周在重要时刻临阵倒戈，对夺取战役的胜利起了重要作用，加速了国民党军在淮海战场的最后失败。

人民解放军的战略进攻如同暴风骤雨，柴云振所在的这支国民党军本来就是七拼八凑临时组合，互相之间勾心斗角，自从陷入人民解放军的包围圈后，更如笼中之鸟，人心惶惶，惊慌失措的官兵早已尝到四面楚歌的滋味，四处弥漫着浓重的失败情绪。这是历来派系倾轧的国民党军队一个悠久“传统”：每当面临失败的危难时刻，各支部队自顾保命者有之，袖手旁观者有之，坐观虎斗者也有之。内忧外困之中的黄维兵团，已经注定难逃覆灭的命运。

就在国民党军溃兵一片凄风苦雨的哀叹中，只有柴云振的心情十分激动。他早就归心似箭，期盼重返解放军的队伍。一个决心投诚的计划酝酿已久，只是事关重大，他必须谋划周全，最好还能带点“见面礼”给“娘家人”。

重返“娘家”

面临兵败如山倒的局面，国民党军中的特务监控更加严密，连散布流言动摇军心都要治罪。柴云振决定见机行事。

饱经战火洗劫的村庄一片荒芜，国民党逃兵如同一群饥不择食的蝗虫，所到之处不仅鸡犬不留，而且连一户户农家的门窗桌椅也被劫烧一空。经过一支支溃兵的反复劫掠，沿途哪里还能找到半颗粮食？柴云振和其他人一样几天吃不上一顿饱饭，饿得有气无力，全靠国军那点可怜的空投食品救命。

有一天溃逃途中，突然有一架飞机嗡嗡从头顶飞过。饥肠辘辘的国民党军士兵们一阵欢呼，以为又要空投食品了。可伸头仰望时，飞机上飘下的是无数纸片，如雪花撒了半边天。

一阵风吹来，柴云振也好奇地伸手抓了一张。借着读了半年书认识的几个字，他大概认出这又是蒋介石在撒嘉奖令了。面对解放军的重重围困，束手无策的蒋介石送不来吃的喝的，就只能给前线士兵送来这唯一的“迷魂汤”了。

柴云振知道战防炮连的曲连长早就对这场败仗牢骚满腹，决心趁机去试探一下他的真实想法。他紧跑几步，追到曲连长身边，故作殷勤地把“嘉奖令”递上去。

谁知曲连长一把撕得粉碎：“他妈的，打了败仗还嘉奖个屁，等着一起进棺材吧！”

柴云振听了暗喜，看来此人大有争取的可能。

柴云振马上递去一支烟：“连长，我们这么跑，要到什么时候为止哟？我是真跑不动了。”

曲连长前后一望，小声说：“伙计，还能逃到哪儿去？仗都打成这样了，解放军围得跟铁桶似的，我看除非变成麻雀才能飞出去。”

“这么说，我们只有等死了啊？”柴云振故作惊慌地问。

“唉，活一天算一天吧，反正阎王爷也他妈快到跟前了。”曲连长叹了口气，两人的脚步放慢了。

柴云振显得颇不甘心，给连长点燃烟：“咱们不能找一条活路吗，为啥子光想到死啊？”

连长盯着他看了半天，转过头去故意装不懂：“你，有办法？”

柴云振知道这是在和他打哑谜，就慢腾腾地说：“连长你是聪明人，俗话说好汉不吃眼前亏……”为了慎重起见，他不得不留下半句，看对方反应。

曲连长很久没有说话，只顾埋头猛吸着烟，直到烟头快烫到手了，他才狠狠把烟蒂砸在地上，但还是难以下定决心：“人家能相信我们吗？能让我们活得成？”

柴云振赶紧俯首小声说：“连长你想想，咱们那么多大官投诚过去，一个个都没杀头，我们算哪碟菜啊？我听一个老乡传话回来说，他到解放军那边后，待遇可好了，要走要留都随意，走的还要发路费。”

曲连长的眼神活泛起来了，柴云振见火候已到，凑近耳朵建议道：“再说，咱们还有见面礼，还怕人家不当客人待？”

曲连长满腹狐疑，一脸不解。柴云振朝着崭新的战防炮一努嘴：“这些洋家什不是现成的吗？”

曲连长恍然大悟，一拳砸在柴云振的肩上：“好小子，还真有你的！”

于是他们私下联络了几个靠得住的人，经过一番合计，决定借故拖延行军时间，迎接解放军到来。

十二月十二日中午，雾沉沉的天一下子晴朗了起来。战防炮连的四门美式五七反坦克迫击炮，一路磨磨蹭蹭地慢慢往前挪。远处的枪炮声越来越近了，眼看这些大炮就要落入解放军手中，七十五师命令战防炮连马上毁炮，并派来一个凶神恶煞的家伙，用枪逼着曲连长：“妈的，为什么抗令不毁炮？”

柴云振见势不妙，上前劝阻：“长官，有话好好说，谁敢违抗军令，我们这不正在准备吗？”又掏出烟递上去。

这家伙一巴掌向柴云振打来：“谁他妈让你来多嘴！”柴云振将身子一偏，这家伙扑了个空。突然间有人惊呼：“解放军来了！”

这家伙一听，立即脚底上抹油，吓得惊如脱兔般一溜烟地逃走了。

原来，人民解放军的一个先遣排，正向他们急速奔来。敌人早已成为惊弓之鸟，一哄而散。曲连长令人打起早就备好的白旗，下令部队投诚，那批珍贵的美式反坦克迫击炮也成了解放军的战利品。

柴云振带着这份特殊的“见面礼”，重新回到人民军队的怀抱，被编入中国人民解放军中原野战军第九纵队二十六旅七十八团四连当战士。

当大个子班长亲手把“中国人民解放军”的胸章别在他胸前时，当战友们亲切地喊他“老柴同志”时，柴云振心里一阵阵热浪翻滚，眼里涌动着幸福的泪花，他发自肺腑地说出一句话：“我总算又回到了自己的家！”

淮海战役结束后，柴云振所在部队在河南周口地区进行整训。刚刚变得生龙活虎的柴云振，却很快又郁郁寡欢起来，一见着人就躲得远远的。他添了一桩不好意思说出口的烦心事。

原来，柴云振被关押在武昌战俘营那段时间，由于卫生环境太恶劣，他得了严重的湿疹。过去因为忙于打仗，一直对这事没顾得过来。现在一停下来休整，就感到周身奇痒难忍，越抓越痒，越抓越烂，最后严重到吃不下饭、睡不着觉的程度，眼看着人一天天消瘦下去。

柴云振知道，过去在国民党军队，如果染上这种病，那几乎全靠自生自灭，凶多吉少。当官的如果漠然视之，这算是好的了。有些狠心的长官甚至将患病者丢到荒郊野外，任其自生自灭。

而今在解放军队伍里得了这种难缠的病，虽然他知道不可能有什么危险，但年轻人爱面子的思想仍然让他心存顾虑，不好意思张口，只好私下烦躁不安地干着急。连队干部见他愁眉苦脸，多次关心询问，他总是找理由搪塞过去。

细心的老班长发现了事情原委，二话没说，和班里几个战士花了半天时间，把房东家一口闲置的石牛槽清洗干净，抬到一间草屋里，然后向伙房跑去。半顿饭工夫，班长挑了一担热水，拿着一包草药回来了。他把热水倒进石槽，把药放进去搅拌好了，让柴云振跳进这个“洋浴缸”好好泡一下。

柴云振有点难为情，班长催促说："有啥不好意思的，咱可都是大老爷们。快进去吧，这药水很管用，洗上几次就好了。"柴云振脱下了棉衣，衬衣却被干脓血沾在皮肤上，班长就用毛巾蘸着药水，一点点打湿后再轻轻帮他揭下来。柴云振进入缸里，班长拿起一块毛巾就帮他擦起背来。

"班长……让我自己来吧！"柴云振心里热烘烘的，他很过意不去。

"背上不好洗，我帮你擦，不要乱动。"班长命令道。

柴云振在温热的药水里躺下来，他的心里涌过阵阵暖流。好久没有这种感觉了啊，好像回到儿时母亲给自己洗澡的时候。他静静地闭上眼，眼泪却忍不住悄悄地涌出来……

只有经历过严冬的人，才知道太阳的温暖。在团结互助中成长，在杀敌立功中奋进。钢铁就是这样炼成的，雄师就是这样铸就的。重新回到革命队伍的柴云振，时时刻刻感受到温暖真诚的同志情谊，每天都在经历浴火重生般的成长洗礼。

“将革命进行到底！”

一九四九年三月，中国的北方提前迎来了明媚的春天。长江北岸的土地上，硝烟尚未散去，万物已显生机，饱经沧桑的大地正在召唤一个新的黎明。

一个月前，根据中央军委的指示，柴云振所在的中原野战军第九纵队改编为中国人民解放军第十五军。他被编入十五军四十四师一三二团三营机枪连当战士。

当时，柴云振和战友们已经听到毛泽东主席的新年献词《将革命进行到底》，都感到特别振奋，部队士气高涨，为即将取得的全国胜利加紧厉兵秣马。

自从参加了解放军，柴云振仿佛变成了另一个人。战友们的悉心关怀，使他的满身湿疹很快痊愈。不仅肉体的病痛得到治愈，连精气神也回归了。部队整训换装后，柴云振穿上崭新的军装，精神劲头十足，他挺起胸膛直起了背，两眼变得炯炯有神，终于成为一名英姿勃勃的解放军战士。在后来采访老人的过程中，他给我翻看最多的一张照片，就是刚刚加入解放军时照的那一张。看得出，那激情燃烧的岁月，那涅槃重生的青春，在老人心中留下多么值得留恋的回忆。

经过淮海战役的洗礼，部队军事素质得到了很大的提高，全国各大战场形势发展喜人。但是，国民党又玩弄起了“引退”“求和”的老花招，时局发生了微妙变化。国际国内有些抱有幻想的人受到蒙蔽，主张国共两党以长江为界停止冲突，实现所谓划江而治的“和平”。于是，是将革命进行到底还是半途而废，又成为必须回答的重大问题。一场全军范围内的思想教育运动迅速开展起来，连官兵家属都要参加。

此时，根据党中央关于积极准备向长江南岸进军的指示，柴云振所在的部队奉命西移到河南省周口地区进行整训，从思想上、组织上、物质上做渡江准备工作，集中解决一个思想认识问题——如何在“政治上过长江”。

针对少数干部战士不愿意继续苦斗，希望不战而定天下的思想倾向，十五军各级反复告诫部队：打仗是流血的“谈判”，谈判是不流血的“打仗”。我们同国民党打过多年，也谈过多次。每一次都是以打促谈，谈中有打。因此谈不谈，怎么谈，是中央考虑的事。我们全部注意力就是准备打。国民党接受我们的条件，我们就“开过去”；不接受，我们就“打过去”！

秦基伟军长给官兵上课时，专门打了一个形象的比喻：人要是生了虱子，如果只把上衣的虱子捉干净，不管下衣，那迟早还得挨咬。柴云振和战友们听了都会心地笑起来，说这个比喻真形象，他们坚决表示要打过长江去，把下衣的虱子也消灭掉。

在这次深入的思想教育中，部队除了揭露敌人企图以“和平”姿态蒙蔽舆论，争取喘息之机的阴谋，还主要通过诉苦教育，让广大官兵彻底认清国民党反动政权是一切剥削压迫的总祸根，从而理解“打过长江去”的必要性。

一时之间，一场声势浩大的诉苦教育在十五军部队深入人心：官兵同诉，老战士、新战士、解放战士“三种战士”同诉，军民同诉等各种诉苦教育，从多方面揭露了旧社会和反动派与劳动人民的血海深仇，加深了广大官兵对国民党反动派本质的认识。

在一个农家打谷场上，柴云振所在连队的诉苦活动进入了高潮。

冒着料峭春寒，席地而坐的战士们情绪激昂，苦大仇深，一个个争相倾诉。柴云振这才发现，原来身边的战友们都有一本厚厚的复仇账啊：他们有的家里由于天旱洪涝交不上租，父母惨死在地主的乱棒之下；有的一家几兄弟都被强拉了壮丁，充当了国民党的炮灰；而许多人则像他一样被捆绑到国民党军营，幸而加入解放军才获得了新生……

字字血、声声泪，战友们的遭遇让柴云振感同身受，深受感染。他也按捺不住站起来，滔滔不绝地讲述自己的遭遇：童年的苦难、长工的血泪，躲壮丁的心酸、国民党军中残酷的虐待……一桩桩血泪往事如在眼前，许多战友听得泪流满面。一上午时间转眼已过，指导员几次想结束会议下午再继续开，可热血汹涌的战士们哪里肯听，争先恐后冲上台去讲述自己的悲惨往事，现场不时激荡起一阵阵高昂的口号声：

“不忘阶级苦，牢记血泪仇！”

“打倒蒋介石，解放全中国！”

这场刻骨铭心的诉苦教育，让柴云振更加明白了“为谁当兵”“为谁打仗”的道理。如果说以前他还不知道自己到底苦从何来、仇人是谁，那么现在经过诉苦运动的“论苦追根”，他的认识发生了极大飞跃。

耳闻目睹那么多战友的苦难身世，他渐渐明白自己的遭遇，不过是旧中国毛孔里的一滴脓血，他不过是旧社会苦海中的一分子。他个人的苦是整个阶级的苦，地主恶霸的罪恶则是蒋介石反动统治的罪恶。要奋起砸烂这吃人的旧社会，就必须推翻国民党的反动统治；而要打垮国民党，就要彻底消灭他们的军队。这，就是他们扛枪打仗的意义。

诉苦教育把战士们复仇的情绪都点燃了，部队上下达到了空前的团结，全军精神面貌焕然一新。二月下旬，“野司”和兵团预告十五军为二野渡江先遣军，先期向江边跃进。各师随即召开进军誓师大会，进一步激励士气，部队掀起了请缨作战的热潮。各级党委、支部，干部、战士竞相表态：

“要做全革命，不做半革命！”

“一百里不到，九十里不停，保持光荣，再立大功！”

在即将强渡长江、决战神州的最后时刻，柴云振和战友们的求战热情发展到了高潮，请战表决心的队伍一天天地在连部前排起了长龙，战士们高声请求着：“连长、指导员快下命令吧！让我们打过长江去，活捉蒋介石！”

连长爽朗大笑起来：“你们这些小子，精神头不错！可打过长江去，这命令是我连长下的吗？”

夜深了，连长吹了好几次熄灯哨，下了好几回命令，沸腾的营地才总算安静下来。但柴云振躺在床上毫无睡意，心中难以平静。部队近来连战连捷，而自己还寸功未立，这对一向倔强好强的柴云振来说，可算是一个不小的刺激。

“在战场上比比看，为人民立功劳”，已经成为全军叫得最响亮的一句口号，荣登功劳簿、立功榜是官兵们莫大的荣誉。从前方到后方，从部队到机关，从干部到战士，一切领域和岗位都开展了立功运动。特别是部队各级针对解放战士普遍建功心切，提出“功劳看以后，以后建功劳”，于是出现了你追我赶、争相立功的火热局面。其中战友王学智的英勇事迹，就使柴云振热血沸腾，羡慕不已。

和柴云振一样，王学智是在淮海战场上被解放过来的。

一九四八年十一月二十七日下午，二十七旅八十六团战士王学智才从国民党军过来三天，连帽子都没来得及换，所在部队的番号还没弄清楚，他们就抠掉青天白日帽徽，掉转枪口，建立了功勋。

那是在部队突破浍河后，王学智在班长的带领下猛追敌人，冲到一片坟地时才发现四面受敌，与部队失去了联系。当时坟地里共有九位同志，先由一名副排长统一指挥，后来副排长等三人负伤，王学智主动指挥战斗。当时他们被解放过来后还来不及换装，身上穿着国民党军装，王学智机警地指挥战友们以此为掩护，出其不意钻入敌群，突击消灭敌连长以下七人，俘敌六人，缴获了十几支步枪。他们押着俘虏，还带着几个伤员，找了三天，先找到十一纵队，以后才辗转回到九纵。

秦基伟司令员看到二十七旅关于王学智等人事迹的报告后，很受感动。这几个同志都是刚刚解放过来的新战士，只经过几天短暂的政治学习，就有了政治觉悟，且如此忠勇，实在可嘉。纵队几个首长立即在指挥所里接见了他们，给他们记了功，跟他们合了影，并号召全纵向他们学习，大力开展杀敌立功运动。王学智担任了副班长，此后在参加淮海战役的二十天中，王学智一鼓作气连续三次立功，成为闻名全军的战斗英雄。

柴云振躺在床上整夜“翻烧饼”。他心里想，人家是解放军战士，自己也是解放军战士；人家从国民党部队过来三天就立了大功，自己呢，都是两次加入解放军的老战士了，还只会让同志们照顾着……柴云振暗下决心，这次渡江作战，再不能落后了！

大显身手“柴八仙”

梦寐以求的机会终于来到了。柴云振攒足了全身的劲儿，终于可以使上了。

根据野司命令，十五军于一九四九年三月五日从周口出发，以战备姿态隐蔽跃出大别山，向长江北岸挺进。历经二十三天行军，一路长驱一千五百里，十五军日夜兼程，力克艰辛，按照规定时间，于三月二十七日如期抵达长江边上的指定位置。

江河作战属于特种战斗，它比一般的阵地攻击复杂艰巨得多，战前准备的要求也高得多。正是基于这种考虑，部队尚在开进中时，第二野战军司令部就催促十五军着手做渡江准备，刘邓首长特别关心渡江器材和渡江战术问题，强调指出“万勿骄惰疏忽”。

四月初，十五军集结于泊湖，开始紧张的水上练兵。要从“陆上猛虎”变成“水中蛟龙”，而且时间还这么短，可不是一件简单的事。战士们在陆地上一天跑百十里路轻轻松松，可在大浪翻滚的湖上才兜一圈，许多人就连五脏六腑都快要吐出来了。

深谙水性的柴云振，这下可找到了用武之地。

他的老家岳池，位于四川东部渠江和嘉陵江的汇合处，柴云振从小就在江边长大。而连队战友大多是北方入伍的旱鸭子，用他们的话说："只要双脚挨地，怎么着都有办法，一进到水里就有劲都使不上。"柴云振憋着一股要学赶王学智的劲头，当起了连队渡江训练的小教员，昼夜不息地教战友们摇橹划桨、水上射击。他那双长满厚茧子的手，很快被舵把、篷索搓磨得鲜血淋漓。

几天下来，柴云振累得瘦了一圈，但情绪却依旧高涨。眼看着在他的帮带下，绝大部分同志循序渐进学会了摇橹划桨、掌舵撑篙。连编队行船速度可达每分钟七十米，全连登陆动作只需三十秒，连卫生员也能在三分钟内就把伤员从百米之外推送到救护船上。有道是"艺高人胆大"，同志们亲切地戏称他为"柴八仙"，意思是他连八仙过海的本领都会。

战友们掌握了水上功夫，有了打过长江去的资本，"柴八仙"心里别提有多高兴。但柴云振不满足于已有的成绩，他虽然没读过几天书，却是个爱动脑筋的人。

他一边训练一边琢磨：白船帆在晚上特别显眼，夜间强渡长江时不正好暴露目标了？渡江时敌人火力一定很猛，万一船体被打穿了怎么办……每天高强度的夜间训练结束后，战友们一沾枕头鼾声连天，可柴云振怎么也睡不着，不断思索着渡江时可能发生的种种问题。

经过一番思考和摸索，柴云振和战友们一起总结出了许多好点子：用草灰和污泥涂抹伪装帆篷和船身，尽量使船体与江面一色；把沙袋、湿棉被堆放在船头上，增强防护能力；在船上备好各种型号的木橛，以便船体中弹漏水时及时堵塞；每人手臂上都扎上白毛巾，作为夜间联络和识别的标志……

他们把这些想法汇报给了营连领导。首长们一听，喜上眉梢，立即层层上报。十五军首长高度重视这些成果经验，在全军团以上干部会议上，大力推广战士们的水上练兵经验：比如应充分估计江水流速、风向、风速对编队的影响；船只应增橹加桨，轻装疾进，越靠近敌岸越要加快速度；树立以船为战斗单位，船自为战的战术思想，登陆后不作任何集结停留，坚决歼灭当面敌人，等等。

经过充分准备和反复演练，战士们跃跃欲试，信心十足。

四月十一日，柴云振所在的四十四师组织了一次渡江模拟演习。随着信号弹腾空而起，江风满篷、桅杆如林的航渡编队在“炮火”中齐刷刷地飞驰，蔚为壮观。靠岸之后，部队的登陆突击动作干脆利索、勇猛迅捷。部队还特意组织了迫击炮、机枪对湖上运动目标的检验性射击，结果证明命中率很高，而且他们准备的堵漏排水措施行之有效。前来观摩的各单位指战员非常亢奋，跃跃欲试，对胜利更加充满信心：“这回蒋介石的钢铁防线，要变成泥巴线了！”

一九四九年四月二十日，国民党政府拒绝在《国内和平协定》上签字，扯下了虚伪的面纱。毛主席、朱总司令立即发出了向全国进军的命令，激动人心的决战时刻终于到来了！

就在那一天，柴云振第一次参加了人民解放军的誓师出征大会。那震天撼地的壮观场景，许多年后还令他心潮澎湃。

渡江作战誓师大会上，十五军党委把两面辉煌壮丽的大旗，授予了担任主攻的第一梯队四十四师部队，一面大旗上写着“打过长江去”，另一面上写着“解放全中国”。参加誓师大会的有四十四师排以上干部和活动积极分子，柴云振被批准参加本连的突击队，并担任了船上的预备舵手，舵手由请来的船工担任，作为第二梯队跟进突进。

陈兵百万，日夜操练，柴云振和战友们终于等来了这一天。官兵们士气十分高涨，“为了中国人民的彻底解放，坚决突破敌人江防！”“只有前进，没有后退，誓把红旗插上香山、黄山！”这样的口号喊得震天响，数十里内的乡亲都听到了他们的誓师呐喊声，连那些为解放军撑船摇橹的船老大也激动地“砸”着自己的胸脯保证：“不送大军过江，枉作今世之人！”

渡江首立功

一九四九年四月二十一日，我人民解放军一百二十万大军分西、中、东三个突击集团，在西起九江，东至江阴的一千多里的战场上，发起了扭转乾坤的渡江战役。

第二野战军三个兵团共九个军为西集团，在枞阳、望江间行动，我各路大军相继开始了渡江战斗。我军威震敌胆的大炮发出怒吼，对岸敌人的阵地已变成一片火海。

夜里十一点，东北风起，此时天下小雨，江面上愈加迷茫。随着一声号令，趁着这求之不得的天气掩护，我航渡编队如离弦之箭，争趋中流。各船的尾灯像天上的星星落下来，洒满了江面。远远望去，桅杆如林。

柴云振所在的船只载有二十四名战士，在炮火的掩护下，向长江南岸迅猛跌进。

十几分钟后，江船行到江心，一切顺利。

谁知就在此时，天空中忽然升起了一长串照明弹，发出令人惊心怵目的光亮，照得江面一片亮白，我军的行动暴露了。

偷渡不成，部队遂按计划强攻。各船迅速扯起篷帆，加速前进。敌炮经过短暂反应，开始射击，一道道冲天水柱迎面扑来，中弹的战船在水中打转，着火的风帆烈焰呼啸，前面掩护的战士牺牲了，船后的战士立即扑上去……整个长江上弥漫着残酷的血火硝烟。

冒着密集弹雨颠簸前进的战船，有的中弹开始下沉，有的开始偏离航向。军首长不断下令对准目标继续前进，胜败在此一举，一定不能有丝毫犹豫！

柴云振和战友们迎来了人生最漫长的四十分钟。

渡江部队在长江上运动的这四十分钟，只能被动挨打，毫无还手之力。江岸上掩护他们的炮火，已最大限度地发挥了威力，但毕竟炮少弹缺，火力密度太小，难以持久，对沿岸敌步兵的压制更是力不从心，再加上敌人在江面设有水雷、鹿砦等障碍物，给部队靠岸登陆带来了极大困难。

每一秒钟都关乎成败。突然间火光一闪，只听“咔嚓”一声，临近的一条船桅杆被拦腰炸断，失去控制的战船猛烈撞击着柴云振所在的船只，江水已经从左舷灌进了船舱，眼看船就要翻了。千钧一发之际，柴云振大喊一声：“赶快砍断绳子！”船上一名战士抡起斧头砍去，船身摇晃了几下恢复了平稳。

柴云振刚长出一口气，只听“哎哟”一声，正在弯腰掌舵的老船工中弹了。转眼间，另一名副舵手也负了伤。战船失去控制，被冲斜了方向。蝗虫般的子弹从他们头顶上飞过，柴云振把冲锋枪往身后一甩，死死扳正了船舵，战士们奋力划桨，战船又飞速向南岸驶去。

离对岸只有几十米了，忽然敌人的几个掩体里同时喷出了火蛇。火焰喷射器喷出的火蛇使江面变成了一片黑红色的火海，堵住了战船前进的方向。排长高声喊道：“照火焰喷射器给我狠狠地打！”柴云振稳稳地把住船舵，从江面劈烟钻火猛冲过去。战船触碰到沙滩了，柴云振赶紧提醒排长："快让同志们下船散开，蹚水冲上去。这样可以减少伤亡。"于是没等船靠岸，排长一声令下，战士们扑下江去涉水登岸，如下山猛虎一般直扑敌阵。

迎面一个暗堡喷出一串串火光，几个战友应声倒下。柴云振断定那是敌人的机枪掩体，便一路弯腰飞奔而去。他匍匐到敌堡下面，攀着岩石悄悄爬上去，猛地一伸手抓住发烫的机枪管，使出全身力气往外一拉，大喊一声："缴枪不杀！"机枪硬生生地被他拽了出来。他掉转枪口就是一梭子弹，地堡里沉寂下来。他架好机枪，就向反扑的敌人猛扫起来……

敌人的长江防线被全线突破了。柴云振在这次渡江战斗中，不但凭着娴熟稳健的操舵技术赢得了时间，使全船战士无一牺牲，还发挥了一名突击队员的作用，机智果断地作出判断，为部队夺取胜利、减少伤亡做出了很大贡献。

不久，表彰下来了，柴云振荣立二等功。不仅如此，连长还把他缴获的那挺机枪又送到他手里，从此，他成了战士们无比羡慕的机枪手。

从国民党军队不愿当炮灰的一个逃兵，成长为共产党军队一位顶天立地的英雄。在人民军队完成这样的转变，柴云振只用了短短不到五个月时间。

如果细心研究军史，就会发现这样的奇迹并非偶然。

柴云振获得的这枚奖章如同一面镜子，折射出人民军队的价值取向。据有关学者统计，仅在抗日战争中，共产党领导的抗日军民获得抗战英模称号的有一百八十三人，除四名营团职干部外，其中97.81%都是基层指战员、民兵和普通老百姓。千千万万像柴云振这样的平凡士兵，在人民军队的大熔炉里百炼成钢，谱写了璀璨的英雄史诗。

而同样在抗日战争期间，国民党军队中获得最高荣誉“国光勋章”“青天白日勋章”的有一百七十二人，其中将校以上文武官员就多达96.51%，真正流血牺牲的普通士卒只不过是可怜的陪衬。

两种荣誉褒奖对象的不同，体现了两支军队不同的阶级基础和理想信念，这不仅左右了战争的天平，也决定了中国未来的命运。

第十一章

难忘的征途

和军长一起当“伙夫”

荣立战功的柴云振，一心想当个顶呱呱的战斗英雄，可没有想到不久后，他又重操旧业，再次当起了“伙夫”。

渡江战役前后，上级给柴云振所在部队配发的主食全是大米。部队兵员以北方人居多，炊事员只擅长做北方的面食，做起大米饭来却是外行，不是火力过猛把饭烧焦了，就是火候不到煮成了“夹生饭”，米饭难以下咽。一锅米煮出来常常下面是黑的，中间是红的，上面是生的，如同现在的“三明治”。每到开饭时间，战士们面露难色，一个个端着碗愁眉苦脸。

那时部队天天长途行军，战事频繁，战士们有的因为伙食闹了肚子，有的忍饥挨饿面有菜色，难免开始有了牢骚，情绪受到很大影响。后来这个问题甚至导致部队出现了兵员逃亡现象，引起了军首长的高度重视。

针对这些新情况，十五军及时召开了团以上干部会，检查政治动员是否深入，各级领导有无官僚主义，组织师团干部下到连队，帮助下面解决实际困难。秦基伟军长亲自抓炊事员集训，解决吃生饭、煳饭问题。他是南方人，擅长做米饭，于是来到厨房挽起袖子亲自示范，两尺深的大锅，水要加得适当，要注意焖饭的火候……煮出的米饭上下一色，糯软喷香，战士们吃得津津有味，连锅巴都吃光了。

柴云振这下坐不住了。连秦军长都亲自下厨给战士们做饭了，自己这样一名“老伙夫”还能不做点贡献吗?

坦率地讲，他一不怕苦，二不怕累，但内心对“伙夫”这个职业有心理阴影。在国民党军队当伙夫的那几年，他饱受欺凌，满腔屈辱，尝够了这个职业的卑贱心酸，可以说毫无尊严地位。通过当伙夫的经历，他亲眼看到连队的伙食费怎么进了长官的腰包，看透了国民党军官的腐化堕落、欲壑难填。他们这些伙夫平时像对待爷一样伺候这些当官的，可做出的饭菜一不合口就会招来一顿老拳。国民党军中的“伙夫”生涯浓缩成了最屈辱的记忆，令柴云振一想起来就心有余悸。

现在人民军队提倡上下一致，官兵平等，大家都是革命大家庭中的成员。解放军队伍里没有“伙夫”这个带着蔑视意味的称呼，只有堂堂正正的“炊事员”岗位。

而关于这个称呼的来源，还发生过一件有意思的事。十五军是在刘邓首长的直接领导下成长起来的部队。这个故事还是柴云振从自大别山转战出来的老兵们那里听到的。

一九四〇年百团大战开始后的一天，一二九师供应部送来一些缴获的罐头，准备分给勤务人员。卫生所所长赖玉明在院中大喊：“伙夫、马夫、卫兵、号兵，大家快来呀，有好吃的！”

这一喊刚好被刘伯承师长听到了。第二天，刘伯承把赖玉明叫到办公室，严肃地说：“我们的伙夫、马夫应该取个什么名……你们不要笑，这是革命大家庭的大事，我们革命的军队官兵平等，都是革命大家庭中的一员。今后，伙夫就叫炊事员，马夫就叫饲养员，挑夫就叫运输员，卫兵就叫警卫员，号兵就叫司号员，卫生兵就叫卫生员，勤务员就叫公务员，理发师傅就叫理发员……我们人民军队是礼仪之师、文明之师，称呼应该文明。”

从此，一二九师机关再也没有人喊“伙夫”“马夫”，炊事员、卫生员、饲养员、警卫员、司号员、公务员、理发员、运输员这“八大员”的称呼很快传遍了解放区。

柴云振亲身感受到的，不只是这些称呼的变化，更有人民军队和国民党军队的本质不同。

就拿搞伙食这件事来说，柴云振所在的连队成立了士兵委员会，班、排都有一名经济委员协助连队领导管理伙食，并监督经费开支，定期公布账目，不但改善了连队生活，还密切了官兵关系。如果是在国民党的军队里，要想让士兵去监督当官的，那真是痴人说梦。

新式整军运动中，人民解放军广泛推行政治民主、经济民主、军事民主。柴云振加入解放军不久，就参加了连队的群众评党员、评干部活动。尽管他只是一名普通战士，但像他这样的人也可以向党支部和党员提意见，推荐新党员，审查候补党员转正；他还参加了连队的民主测评、推荐干部等活动，有权力建议撤销不称职的干部。

革命队伍里这种真诚浓厚的民主氛围、互相尊重的上下级关系，柴云振闻所未闻。开始时他还躲躲闪闪，不敢给“当官的”提意见，后来小心翼翼试着给连干部提了几条，不但没有被“穿小鞋”，反而受到指导员的热情表扬。

柴云振这下放宽心了，在士兵群众评指挥、评战术、评纪律、评作风等军事民主活动中，他总是积极发言，献计献策，和战友们热烈讨论如何攻克敌阵、如何完成战斗任务等问题。特别是在“官兵互教、兵兵互教”的练兵训练中，军事素质过硬的柴云振更是冲在前头，当仁不让，为提高连队战斗力做出了不小的贡献。

在这样一支朝气蓬勃的军队里，柴云振深切感受到只有职务和分工的不同，没有人格高低贵贱之分，所有官兵都是人民军队的主人，是为全天下劳苦大众的翻身解放而战斗的。

柴云振一心想着要当一名响当当的兵，和过去的“伙夫”生涯彻底告别，但这一次他却心甘情愿，“重操旧业”当上了炊事员——因为和军长一起当“伙夫”，并不丢人!

那时部队挺进在向江西转战的途中，正值盛暑季节。顶着高温酷暑，一天急行军下来，每个人都汗流浃背，疲惫不堪，许多战士累得一倒下就睡着了。柴云振虽然也又累又乏，可每天把背包一放，他就往炊事班赶。

炊事班的战士们做起大米饭还是力不从心，有点手忙脚乱。老班长被浓烟熏得睁不开眼，手中的锅铲不停搅动。柴云振一看，锅内的水太少，搅动得太频繁。他取过锅铲示范说：“不能搅勤了，不然要包浆，就煮不熟了。”

他耐心地一遍遍教战士如何做米饭。如果做稀饭，就要多掺水，直到把米煮烂为止；如果煮干饭，水不要掺得太多，等水一开，就小火慢煮，直到水干饭熟。

从此，白天行军打仗，夜晚帮厨，柴云振一到宿营地就去炊事班帮忙，当起了义务炊事员。急行军中，他尚感觉不到疲倦，但一坐到灶膛前，他也忍不住眼皮打架……虽然劳累，却终有所值，累得愉快。战友们终于吃上了香喷喷的米饭，炊事班也受到了表扬。柴云振会做饭的消息一传开，不少连队都来请他去传经送宝。这一来，团长在行军途中交给他一项新任务：教全团各个连队做米饭，干好了“能顶半个指导员”！

榜样的力量

一九四九年是火热的一年，更是战斗的一年。渡江战役胜利后，人民解放军以摧枯拉朽之势，在各个方向展开战略大追击，进军华东，进军中南，进军西南，进军西北……解放军的战略进军势不可当，捷报飞传。

刘邓首长高瞻远瞩，通观全局，决定第二野战军各部队过江之后，“主力接着（即主要）放胆向指定地点深入挺进，贯穿敌人纵深，截敌退路而兜歼之”。二野主力直出皖浙边山区，把进攻矛头指向浙赣线，这样既可断敌向华南、西南的退路，又能彻底割断蒋桂联系，大大发展渡江作战的胜利，加快解放全中国的进程。

由此，柴云振跟随大军踏上了千里追击的壮阔征程。

柴云振的生命旅途经过许多关口、走过许多长路，但这次漫长的行军却标定了他的人生航向，铸就了他的理想信念。这是一条风餐露宿、戎马倥偬的战斗之路，更是一条涤荡心灵、换羽腾飞的成长之路。

“宜将剩勇追穷寇，不可沽名学霸王。”当时，国民党兵败如山倒，一路败逃的官兵已如惊弓之鸟，一触即溃。这就使得“兵贵神速”成为我军千里追击的作战攻略，实际上那时候只要追上，就是胜利；只要开枪，就能胜利。

十五军党委认真领会上级的作战意图，反复动员“凡是能打的部队，首先是能走的部队”，要求各级干部的观念从“打”转到“走”上，并向各师发出指示，强调“走得快就是胜利，走到了就是胜利”。

为此，秦基伟军长一连向各师师长交代了几项要求：必须以每日八十里以上的速度前进，不为小股掩护之敌所阻，不为成群逃散之敌所惑，不为缴获所拖累，不为城镇所抑留，不为山高路窄、风狂雨暴、人困马乏的情况所动摇。

在各级一再严令下，部队风雨无阻，长途奔袭，指导员一边行军一边鼓动：“同志们，当前卫不挡路，当后卫不掉队，胜利就建立在我们的脚板上！”

一路上，由于我军迅若惊雷，敌人如惊猿脱兔，除了一心逃命外，全无余力采取任何阻滞措施，沿途桥梁大部分来不及破坏，遗弃的辎重随处可见，汽车仰翻在路旁，人马尸枕沟堑。眼看国民党大势已去，大多数官兵已不愿继续当炮灰了。柴云振和战友们有时发现山头有小股敌人，部队甚至不做展开攻击的动作，重武器根本不下驮，只是几个嗓门大的一喊：“嘿，快给我下来！”敌人就乖乖缴枪投降。

这一路追击，与其说是与敌人较量，不如说在与自己赛跑。

自渡江以后，为了追上敌人，十五军放弃大路改走崎岖山道，连日与淫雨泥泞为伍，头上无伞，足下无履，吃不上饭，睡不好觉，不分昼夜地穷追猛打，经受了一场艰苦的考验。

柴云振十二岁时就给地主当长工，从小到大什么苦没有吃过？但这样紧张艰苦的行军，对他也是一个巨大的考验。脚上的血泡已经起了一层又一层，浑身的军装已结下白花花的盐渍，发出阵阵汗酸味儿，战士们哪里顾得上这些？这次追击以秋风扫落叶之势，将敌人吓得如丧家之犬。在这种形势下，谁的脚步又能停得下来？

正当行军进入最紧张艰苦的阶段时，各级首长们身先士卒，冲锋在前，在关键时刻给战士们巨大鼓舞，有一些场景令柴云振终生难忘。

那些天，部队设置了“行军鼓动棚”，组织流动红旗竞赛，活跃振奋部队情绪。从军到师、团的各级指挥员都下到连队，和战士们一样在风雨中摸爬滚打，奔跑行军。

柴云振随师直机关一起行军。过了几天，师司令部报务员王国祥患上了疟疾，部队停下休息时，他还要上机联络。崔建功师长知道后，让柴云振把自己的马牵去，让王国祥骑。这在打仗行军途中已是常事，崔师长经常把所有干部的乘马集中起来，用以驮运伤员同志。但王国祥骑在马上，心里很是不安，千里追击这么紧张，师长还要指挥作战，怎么忍心让他步行呢？他翻身下马，让柴云振把马送还给师长。

这一下，柴云振可不好办了，只好把马牵回来。谁知师长有点生气了，径直找到王国祥问：“怎么不听从命令呀？”

王国祥嗫嚅着说：“师长，我坚决不骑，我保证行军不掉队。”

师长明白他的心情，耐心地说：“小王，正常人行军已经够苦了，你还要带病坚持工作。还是骑上吧，这也是工作需要。”

王国祥这才不得不骑上了师长的战马。这样的事情柴云振还听说过很多，四十三师师长张显扬宁肯自己打赤脚，也要把仅有的一双鞋脱给战士。至于其他干部把战马让给病号和体弱的同志，也是非常普遍的现象。

部队出了老根据地后，掉队的现象严重起来。战士们连日行军，实在太疲劳了，有的一边走一边都能睡着。可是任务那么急，一昼夜必须急行一百五十里，少一步也到不了。这是对部队作战意志的一次严峻考验。

为了给战士们鼓劲加油，秦基伟军长也加入到徒步行军的队伍中间，他一边行军一边带头唱歌，组织啦啦队喊口号，还帮战士扛起了机枪。秦军长一边走一边喊："同志们啦，加油追呀，追上敌人就是胜利……我秦基伟就在你们中间，跟你们一起跑，我也是一个背包一个粮袋，除了比你们多扛一支枪，还比你们多了一把年纪。我呼吁同志们看着我，我不停下，你们就决不能停下！"

军长一扛枪，战士们便传开口令："向前传，军长扛机枪！""向后传，军长扛机枪！"整个队伍一下都知道了，军长就在他们中间，正跟他们一起跋山涉水，扛着机关枪。

接到口令，柴云振高喊着传给后面的战友，他浑身顿时充满了力量，所有的疲惫一扫而光。部队追击的劲头更大了，如狂飙旋风，席卷残云。队伍中不能走的倒下了，能走的继续追，只要还有一口气，就拼命地往前赶。柴云振和战友们咬紧牙关，抱定了一个信念：当我们困难的时候，敌人更困难；谁能战胜困难，谁就能胜利。

五月十四日，柴云振所在的四十四师前卫部队乘坐刚从敌人手中夺得的汽车，进抵敌闽中供应基地南平。当时，各路逃敌纷纷集中于此地，乱糟糟地拥成一团，并窃喜侥幸漏网，所以戒备松懈。我突击分队趁敌分辨不清，直插敌阵，迅速占领有利地形，以快制乱，打了敌人一个措手不及。

我军轻取南平，一路声威惊慑福州。蒋介石当时在福州召集军事会议，训斥他的将领："所幸敌人没有长驱直入。如果敌人洞悉你们的狼狈状态，一个团就可以占领福州了。"

就这样，十五军自渡江以后，长途追击二十六天，行程七八百公里，实施主要战斗十二次，歼敌一万两千余人。由于行动迅捷，战果可观，受到刘邓首长特别嘉勉。

二十六天，在人生的长河中不过短短一瞬。但这一路上榜样与先锋的力量，勇气与意志的较量，让一颗信仰的种子从此深深地埋进了柴云振的心中。

这段战斗生涯中最艰苦的岁月，也是柴云振晚年最怀念的岁月。

在老人的回忆讲述中，那段时间部队行军途中没有鞋穿是常事，他的脚底老茧磨得又厚又硬，能有一双新鞋穿就是最大的幸福。长途奔袭途中，炊事员把饭往军帽里、衣襟上或几片树叶上一扣，大家边吃边跑，后来吃饭终于用上碗了，战士们都高兴得很。

但即便在这样艰苦的环境下，也没有人叫苦叫累，没有人畏惧退缩。柴云振浑身更是充满了无穷的力量。在国民党军队里，一到长途行军时，他往往要帮好几个长官挑枪支行李，劳累了一天，到了晚上还要给连长端水洗脸倒水洗脚，哪一点没伺候好，轻则挨骂重则挨打。采访中，老人一提起这些事来还愤愤不平："那时候我们这些炊事兵，完全成了连队长官的家丁，格老子哪里还有个军人的样子哦！”

而在这千里追击的路上，解放军官兵一致、团结奋斗的光荣传统，激励着部队在艰难困苦中勇往直前，鼓舞着战友们风雨同舟、甘苦与共。首长们不管是多大的领导，都和战士们行军在一起，吃苦在一起，战斗在一起，不但不让人服侍自己，而且主动分担体弱战士的负重。特别是党员先锋们在最需要的地方冲锋陷阵、在最艰苦的时候身先士卒，让柴云振打心眼里钦佩这些敢打硬仗、冲在前面的“老同志”……

这条千里挺进的征途见证了柴云振身体与灵魂的蜕变，柴云振跨越的不只是万水千山，更是一名革命战士的涅槃之路。

蜕变的历程

这在千里追击的途中，战友孙洪发有点好奇，他发现这段时间柴云振变化太大了。

他俩原本不在一个单位。孙洪发在淮海战役中负伤住院，伤愈后被分配到四十五师警卫连。柴云振在千里追击解放福建建阳时，在一次战斗中摔伤了腿，康复后也被编入了四十五师警卫连，不久就担任了一排一班副班长。

他俩差不多同时来到警卫连，又都分在一班。柴云振性情豪爽，讲义气；孙洪发心胸豁达，很重感情。两人很是投缘，成了好朋友。

孙洪发虽然小柴云振五岁，心却很细。他发现这一路行军打仗途中，柴云振逐渐变得成熟起来，显得稳重了许多。

十五军千里追击结束后，于一九四九年七月十七日进抵江西安福地区，奉命进行整训。安福地区历来为疟疾流行区，遍地杂草丛生，夏季蚊蝇、蛆虫比比皆是。有一首民谣说："安福泸水河，蚊子大如蛾，一个不够吃，两个差不多。"北伐战争时期，北洋军阀曾有一个团受疟疾危害，大部分病死在该地区。

十五军进驻安福时正值疟疾流行季节，天气闷热，由于北方籍战士不服南方水土，受不了高温蒸晒，加上部队一路冒着酷暑长途行军，许多人口渴了就喝稻田里的脏水，夜晚露宿在村边树林里，蚊叮虫咬，过度疲劳，抵抗力差，医疗卫生条件差，导致疟疾在部队迅速蔓延，发病率急剧上升。全军大部分的人员都不同程度地患有这样或那样的疾病，四十五师的疟疾病号占到全师总人数的一半，有的连队几乎全病了，部队战斗力受到很大影响。

多少硬仗恶仗都没能击垮这支部队，岂能让小小疾病如此横行？为了战胜疾病，军党委及时发出“开展人马健康运动”的指示，把突击治疗病号、改善生活、消除疲劳作为中心工作，号召全体指战员“紧急行动起来，开展群众性的人马健康运动，战胜疾病侵袭，尽快恢复战斗力”。

各师、团党委都分别召开党委会，拟方案，订措施，抓落实，一个群众性的人马健康运动在全军迅速掀起。

柴云振又一次迎来了大展身手的机会。部队战士大多数都是北方籍，飞机大炮都不怕，就怕从小很少见到的长脚蚊子，这也是传播疟疾的罪魁祸首，很多战士因此闹得打摆子、拉肚子，浑身无力，面容憔悴，严重影响了战斗力。柴云振从小生活在南方，对于驱蚊防暑有一整套经验。白天行军，他教大家把包袱皮打湿顶在头上，降温防晒；夜晚宿营，他掰来柏树桠点燃，用浓烟熏杀蚊虫。他还和卫生员一起采取土洋结合的办法，千方百计寻觅偏方和采集中草药，为战友们熬制汤药预防疾病。

柴云振和战友们提供的这些举措很接地气，很快见了成效。当时十五军所在的整个第四兵团都面临着疾病危害，陈赓司令员十分着急，已经准备向中央报告。兵团卫生部长桂绍忠把十五军“开展人马健康运动”的情况向他作了汇报，陈司令员很高兴，指示机关在全兵团推广了十五军的做法。

柴云振在这次“人马健康运动”中做出了贡献，班长王向农经常在班务会上表扬他，连长也好几次在晚点名时称赞他，柴云振又一次成了连队的“小名人”。

可孙洪发感觉到，柴云振现在变得非常谦虚了，受到再多表扬也很低调，常常一个人悄悄为连队做事，比如每天用盐水给军马刷牙，主动帮助修理鞍具……他们刚认识时可不是这样。柴云振毕竟血气方刚，也有年轻人好面子爱虚荣的时候。两人一吹起自己“过五关、斩六将”的经历，都不免有点得意之情。孙洪发爱吹一下在淮海战役中如何同敌人浴血奋战，柴云振则爱显摆渡江作战中怎样担任突击队员冲锋在前。尤其是加入解放军才五个月，就荣立了二等功，柴云振也难免有点骄傲情绪了。

然而完成千里追击的作战任务后，孙洪发感到柴云振仿佛变了一个人。他开始越来越多地看到别人的优点，对自己的要求更加严格了。

一九四九年十月一日，在翻山越岭进军广东的途中，柴云振和战友们从收音机里听到了开国大典的盛况，部队顿时沸腾了，军心大振，大家决心尽快解放广东，向伟大祖国献礼。

参加解放军不到一年时间，柴云振亲身经历了革命形势一日千里的迅猛变化，每天都潜移默化地受到这支军队的教育和感召，思想觉悟在一天天提高，他一直铭记着崔建功师长的教诲，人生要过“三大关”：生死关、艰苦关、胜利关。“我们的干部战士，在战斗中不怕牺牲，不怕困难，不愧为英雄好汉。生死关、艰苦关都闯过来了，最难过的是胜利关。胜利了不骄傲，保持最大清醒，争取更大光荣，这样才能闯过一辈子最难过的关。”

这是一次精神的淬炼，也是一场灵魂的洗礼。在这个过程中，和他最亲近的班长王向农，成为了他成长的领路人。

永远的誓言

班长王向农是解放战争初期参军的老同志。在平时的工作和战斗中，他总是站在最危险的地方，执行最艰巨的任务，以自己的模范行动影响和带领全班战士完成各项任务。他打过许多大仗硬仗，立下累累战功，可他把一枚枚军功章装进背包，从不轻易示人，更没向别人提过任何一次立功受奖的事。

每次长途行军，总能看见班长背着几支步枪，摞着几个背包。他个头并不高，身体也不壮实，但好像总有使不完的力气。每天宿营后，他又忙着帮全班安置床铺，给大家烧洗脚水，带领大伙儿给房东扫地、挑水。可每到开班务会评“好同志”上报连队时，他却从来不提自己。同志们一提他，他总是连连摆手，把表扬让给其他人。

时间久了，全班战友都很过意不去。有一次，柴云振和大家事先商量好，这次班务会评选好人好事，我们只选班长一个人，逼着他报给连里。看着同志们态度非常坚决，班长再也推不掉了，只好答应了下来。

可是等到连队点名表扬好人好事时，却没有班长王向农的名字。柴云振气呼呼地去找连长：“我们全班一致评选了班长为好同志，怎么点名时不提他呢？”连长被问得莫名其妙："他没有报上来呀！"

柴云振嘟囔着说："别人都争着能评上好同志，班长他为什么总是推来推去的？"

连长恍然地"噢"了一声，微笑着拉过柴云振的手，往他手心里轻轻写了一个"共"字："同志，就为这个。"

采访中，柴云振老人给我解释了连长这个举动的由来。原来这里有一个特殊的时代背景。一九四八年二月，总政治部发出通知，将长期处于秘密状态的连队党支部公开，以便党支部更密切地联系群众，发挥共产党员的模范带头作用。但那时在柴云振的部队，党的活动还处在半秘密状态。所以连长才会这样示意他。

尽管身份尚未公开，但那时连队十分注意对党员的思想政治教育，特别是在作战开始前，教育每个党员严格要求自己。在作战中，要求党员冲锋在前，退却在后，轻伤不下火线，重伤不叫苦；同时教育党员在荣誉面前不伸手，主动让功给非党员群众。

大家好多次提名班长为"好人好事"代表，他嘴上虽然答应下来，可是向连队汇报时，又被他"拦截"了。他越是这样，全班同志越是发自内心地敬重他。

对照班长的言行，柴云振感到有些羞愧。班长做了那么多好事，立过那么多功劳，从来都不声不响的，哪像自己王婆卖瓜，自卖自夸，才立一次功有啥吹嘘的呀！他决心以班长为榜样，严格要求自己，积极向党组织靠拢。

柴云振的变化，都没逃过孙洪发的眼睛。他发现自从当了副班长后，凡是有艰巨危险的任务，柴云振总要想尽办法争取到；而一到评功评奖，他总是摆出自己的缺点错误，搬出一句口头禅，"立功看今后，机会有的是"，一再把功劳让给别人。

还有一件事使孙洪发有点费解，那就是柴云振最近行动有些诡秘。不定什么时候，班长王向农向他一使眼色，他就跟着走了。孙洪发问他干什么去了，他总是只说一句“有事”。

这不，每天部队一住下后，班长领着大家安顿好住处，帮老乡打扫了院子，他们就相伴着走了出去。看着旁边柴云振空着的铺位，孙洪发百思不得其解。忽然间他心里一亮：“噢，副班长是不是要入党了？”

柴云振确实正在争取入党。如果说他最开始想加入中国共产党，是出于对重获新生的感恩之情，那现在则多了一层对党员模范们的敬仰之意。班长王向农不但一直像亲兄弟一样对待他，还一路引领他进步成长。他内心深处也想做像班长那样的人，只有成了共产党员，才有打仗冲锋在前的资格，才有“党员作模范，立功打先锋”的资格。

班长王向农对柴云振的要求更严格了。过去班务会上对他的表扬很少听到了，相反多数情况下听到的是对他的批评和引导。特别是在同他个别谈话时，批评更是直截了当，不讲情面。班长的教育批评常常让柴云振透透地出一身大汗。但他却能够感到，这种同志式的批评，饱含着深厚的阶级友情，是真诚的战友之爱。正是在这种严格的人生引导中，他真正明白了什么是人民的军队，明白了“为谁当兵、为谁打仗”的道理。

一九四九年十一月四日，这个日子深深镌刻在柴云振的记忆里。

那一天，远方的阵地上还有无数人在奋勇拼杀，冲天的战火和天上的繁星遥相辉映。一面鲜红的党旗缓缓铺展开来，柴云振心里燃烧起炽热的火焰，他满怀激情地举起右拳庄严宣誓："我志愿加入中国共产党，承认党纲、党章，遵守党的纪律，服从党的决议，学习马列主义、毛泽东思想，努力提高自己的觉悟，积极工作，精通业务，全心全意为人民服务，不屈不挠，为共产主义事业奋斗到底！"

直到晚年，柴云振都还记得，那个神圣的仪式是在广西长岗的一间民房里举行的，他的入党介绍人是班长王向农。那时行军打仗不分白天黑夜，很少有休息时间。连队专门利用一次长途急行军后的宿营，为他和另外几名同志举行了入党宣誓仪式。

当柴云振回到班里时，其他同志早已入睡，只有孙洪发还一直等着他。从柴云振兴奋的眼神中，孙洪发早已猜到了几分。他把头凑了过来，悄悄地说："副班长，你能不能也帮我写份入党申请书？"柴云振先是一愣，然后认真地说："没问题呀，但要加入党组织是成熟一个发展一个，可不是当一两次突击队员就能入党的！"

冲锋在前

光荣的仪式是催征的战鼓、出征的号角，是激励柴云振英勇奋战的动力。入党第二天，柴云振和战友们就马不停蹄地踏上了新的征程。

广东战役和衡宝战役胜利结束之后，中国人民解放军第二、第四野战军的进攻矛头，直指被人称为“小诸葛”的国民党将领白崇禧的集团盘踞的广西，这是敌我双方在大陆最后决战的重要组成部分。

为防止该敌逃往海外，中央军委决定，在第二野战军及十八兵团发起西南战役的同时，由第四野战军首长统一指挥第十二兵团、十三兵团及二野第四兵团共九个军、四十万余人，迅速发起广西战役，全歼白崇禧集团。

十五军奉命并指挥十四军的第四十师、第四十一师，秘密转移至信宜以西地区，围歼敌第七军。

十五军又一次遇上了狭路相逢的老对手。敌人的这个第七军，原是桂系一等精锐，比蒋介石的嫡系部队还能打。用当地老百姓的话说，是“广西猴”，战术动作敏捷，战斗作风也硬。解放战争进入尾声了，第七军成了白崇禧手中所剩不多的一张王牌。当年，刘邓大军进军大别山的时候，就是这个凶恶的敌人跟在后面穷追不舍。而今时移势易，这一次我们十五军上下都很明确，非把它干掉不可！

这次战斗，在十五军和配属部队的坚决打击下，国民党这个第七军委顿不堪，被迫溃退。这样一来，敌军整个“南线攻势”破产。

就在我军捷报频传之际，传来了一个不幸的消息。柴云振所在师的第一三三团政委田耕同志在战斗中不幸牺牲。听到这个噩耗，除了和大家一样心情悲痛外，柴云振更感到警卫战士的责任之重。此时我军已开始对敌实施穿插包围，敌军则如丧家之犬，东逃西藏。这时的战场已经没有前后方之分，遭遇战随时可能发生，首长的安全时时都有可能受到威胁。作为一名警卫战士，柴云振怎能不压力倍增？

这时已是冬季，山区气候寒冷，又逢连天阴雨。部队连续作战，来不及发放冬装，战士们白天用稻草裹脚当鞋，夜间用稻草遮身当被。柴云振白天行军紧跟首长左右，瞪大眼睛观察山野四周状况，随时准备应对不测；夜晚宿营，首长办公，他带班放哨，密切关注周围的动静，浑身冻得发抖也丝毫不敢放松。

这一天，他们班负责搜索，柴云振走在队伍最前面。突然，他发现右前方两百多米的山头上，有些灌木在不正常地晃动，他大喊一声：“全班卧倒！”

刚喊出口，“嗒嗒嗒！”一梭机枪子弹便飞了过来，幸好战友们反应机警，没有受伤。

“到右边树林中隐蔽！”柴云振命令。

待同志们隐蔽好后，柴云振首先想到的是师首长和师机关的安全。他马上和班长商量，立即派人向师首长报告，建议部队停止前进加强警戒，并派出力量前来增援。

他伏在地上仔细观察地形地貌。他发现，这条道路两边山势陡峭，马匹、辎重都没法行走，刚才响枪的山头是这一带的制高点，正卡在这条大路的咽喉上，便扭头对班长说："看来不消灭眼前这股敌人，部队很难从这里通过，首长和机关的安全也难有保证。"

班长说："可山上究竟有多少敌人？是正规军还是散兵游勇？"

"要不我带领全班先上去摸清情况，你在这里接应后续部队吧！"柴云振向班长建议。

班长回答："好，右边草深树多，便于隐蔽，你们就从右边迂回上去。注意，先不要惊动敌人。"

柴云振一挥手，带领全班顺着右边的山脚摸了上去。

柴云振透过灌丛中的缝隙望过去，不禁倒吸了一口凉气。山头草丛里密密麻麻都是敌人，看上去足有两百多人。一挺重机枪已经架好，正瞄准山下的大路，一名军官正举着望远镜四处观察。很明显，这股敌人已经设好一个圈套，就等着我们的部队来钻。

不拔掉这钉子，师机关凶多吉少！柴云振发现这是一股军匪合一的杂牌武装。他判断这伙乌合之众人数虽多，但战斗力不会很强。再加之敌人已是强弩之末、惊弓之鸟，说不定可以打他们个措手不及……

柴云振正在寻思着，不知哪位战士不小心碰动了一棵灌木，正好被放哨的敌兵看到了。那个敌兵一边开枪一边慌乱地大喊："共军摸上来啦！"敌人那挺机枪立即掉转枪口，子弹雨点般飞过来。

情势紧迫，有我无敌。柴云振急中生智，扣动冲锋枪的扳机，首先打倒了敌人的机枪射手，接着大声高喊道："一排向左，二排向右，三排跟我来，同志们冲啊！"战士们跃起身来，一边射击一边投弹，猛虎般向敌人扑过去。

敌人被这强大的声势打得蒙头转向，魂飞魄散，一个个抱头向山下滚去。柴云振趁势调转夺过来的机枪，朝着溃逃的敌人一番猛扫。敌人一下子被压到半山坡上，十多分钟后，敌军官好像才清醒了过来："弟兄们，共军人数不多，不要害怕，谁先攻上去，重赏大洋十元！"

敌人仗着人多势众，真的向上反扑了。柴云振指挥战士们奋力反击。眼看形势已经十分危急，敌人背后突然响起震天动地的喊杀声，我军后续部队及时赶到，大部分敌人很快被歼，少数四散逃窜。

师首长和机关顺利通过了这道隘口，继续挺进。柴云振因在战斗中果断英勇的表现，受到首长高度赞扬。这场战斗给了柴云振极大的鼓舞，成为他后来在朴达峰孤身阻敌的一次预演。从此他明白一个道理：战场上只有最不怕死的人，才最有可能活。在最危险的时刻敢于冲锋，在最艰巨的任务关头敢于担当，成为他一生不变的军人底色。

长戈横大地，峥嵘岁月稠。从此以后，柴云振和战友们在血性飞扬的战斗历程中，一次次奏响英雄凯歌，一次次举起胜利旗帜，为党和人民建立了卓著的历史功勋。那些难忘的烽火岁月如同一部浩瀚的大书，每一页都让人热血沸腾，心潮难平。但无论时间多么久远，他记得最清楚的还是一九四九年十一月四日在广西长岗入党时的情形。那一天，他伴随一个新生的国家，踏上了新生的征途。这或许只是遥远时空里的一种巧合。但仔细凝视柴云振的人生轨迹，这位老兵的生命历程，早已深深嵌入这个国家波澜壮阔的命运——

一九二五年十月，柴云振在四川岳池的一个村子里出生。

在他出生不到两年，人民军队诞生；二十四岁那一年，他加入中国共产党，和新生的中华人民共和国一起踏上风雨同舟的历程。在此后的岁月中，无论经受困苦曲折，无论跋涉万水千山，他们那一代人都和共和国一起历经挫折而奋起、历经苦难而辉煌……

当我在采访中问起他为何能一生坚守理想，柴云振淡淡一笑，依然只有一句朴实的话语：“我入党时宣过誓，为党、为人民，我可以牺牲一切。”

轻描淡写的一句话，却有惊心动魄的力量。不了解他前半生的经历，就不会明白他此生不渝的初心。这份选择与坚守，属于老兵柴云振，也属于那些战争年代走过来的英雄前辈们。

梦回吹角连营

在后来漫长的岁月里，柴云振总是语重心长地教育家人们：“我这个旧社会的苦长工，要不是党和人民的培养，我哪能成为英雄？我今天的一切，是无数战友用生命和鲜血换来的。有了国家改革开放的好政策，有了太平盛世的好局面，你们只要安守本分，勤奋踏实，什么事情干不成？如今乡亲们都眼睁睁地看着我，想要‘一人得道，鸡犬升天’，要我给组织提这样那样的要求，谁都不要指望。”

柴云振的话，让子女们的心情难以平静。他们从前只是大致了解父亲的经历，但从未听他讲起过自己当兵的历程，更没有提到过什么立功受奖的事。后来直到二十世纪九十年代初，八一电影制片厂到岳池县拍摄反映柴云振事迹的纪录片《寻战友》，编导问起他的妻子刘传琼和几个子女，他们还都不知道柴云振那些年的战斗历程，更不知道他立下的赫赫战功。

在儿女们的眼里，柴云振就是一位终日为生活奔波操劳的农民父亲，一位面朝黄土背朝天的朴实庄稼人。要不是一遇到天气变化，父亲就旧伤复发，头痛不止，必须缠上头巾，他们根本找不到父亲和战争相关联的痕迹。

的确，柴云振参加人民军队的时间只有短短五年，而在朝鲜战场上最惊天动地的战斗经历只有一天。但这风云激荡的一天，到底蕴藏着怎样不可思议的秘密？在他爆发的惊人潜能背后，又有着人民军队哪些克敌制胜的精神密码？

当我在采访中当面提出这个最感兴趣的问题时，本来已经有点疲倦的柴云振老人，顿时来了精神。这位本色本真的老人没有什么豪言壮语、高谈阔论，却以一种接地气、知冷暖的真实感悟，畅谈起他在两支军队中的不同感受，谈起他在人民军队中的成长变化。为了原汁原味地呈现当时的对话，现将柴老的讲述照录于此：

什么，你要问共产党的军队和国民党军队有啥不一样？那就像天上地下不一样啦！最大的不同，就是平等。共产党的军队啥子事情都讲个平等，战士和领导人格尊严上平等，生活待遇上平等，你有什么意见都可以提，好的孬的都可以说，领导不会给你小鞋穿。你有啥不对的，领导也和风细雨跟你讲道理，搞教育，直到你心服口服。

在国民党军队里头，哪个跟你讲个屁的道理！动不动就给你一顿耳光！我在国民党军队当兵一年多就没领到过一块钱的军饷，全部给当官的贪污了。大鱼吃小鱼，团长吃营长、连长吃士兵，士兵被逼得就硬是没有活路了。我当伙夫时，有一次送饭上阵地，炮火封锁太严，就迟到那么一小下，那个狗娘养的麻营长抽过我的扁担就朝我腰上砍了三扁担，好狠哪！这个仇恨我永远都记得到。直到今天，只要天气一变化，我这身上就有两处旧伤痛得很，一处是头部在朴达峰上被美国兵砸伤的地方痛，一处就是这腰杆上被国民党营长打伤的地方痛（说罢，老人向我展示他的两处旧伤）。

那时国民党的连队都欺上瞒下，吃空额，谎报编制。一个连长要吃十至二十个空额，一个排长要吃五至十个空额。要检阅了，就从其他部队临时东拼西凑地借人，一级骗一级，大家互相骗。一个连名义上说一百多号人，其实也就五六十号人。我在武汉当兵时，伙食费全让当官的贪了，我们士兵只能吃豆腐渣、红萝卜叶子，吃点米饭，里面石头沙子比米还多，一人还只有一碗，吃饭还规定时间。有时饿慌了，抓起几把生米就往嘴里嚼。啥子罪没遭过啊！所以我早知道国民党要完蛋，为了不当炮灰，我连当了两回逃兵，都被他们抓回去了，打得好惨哦！

在国民党的军队里，当官的永远都拿着枪在后面逼着你冲，一看打不赢了转身就跑。所以那时被俘的国民党军官中，就是连长这样的小官都很少。

共产党军队里，平时在一个锅里搅大勺，打起仗来，干部战士也一起冲锋陷阵。我们的首长谁都没有一点架子，官兵之间的关系亲如兄弟。每次打仗前召开“想办法会”或“诸葛亮会”，研究如何攻破敌阵，完成作战任务，大家都七嘴八舌，抢着发言；打完仗发动群众进行战评，大家都发扬民主，有啥说啥，从指挥、战术、纪律、作风全方面总结经验教训。

采访中，提到自己当年的连长一直到营长、师长，柴云振老人都满怀敬意。这些人很多都是他的精神引路人，让他一次次经受洗礼，迅速成长。柴云振和崔建功师长相处的时间最长，有一件事情令柴老非常难忘。

一九五〇年三月一日，驻扎在贵阳的四十五师突然接到军部来电，让崔建功师长前往军部所在地云南曲靖接受新任务。崔师长带上侦察参谋王铁城和柴云振等五名警卫战士出发了。

受领了任务后，崔师长带领大家搭乘一辆木炭车返回。车上乘客挤得满满当当，崔师长为给群众让座位，带领大家爬到驾驶室顶上去坐。春寒凛冽，大家虽然冻得够呛，但都归心似箭，一路咬牙坚持着。

那时刚刚解放，路途上很不安全。汽车行驶到一处陡坡时，轰隆隆地爬不上去。司机副手只好取三角木垫住汽车轮胎，走一段推一段，车速非常慢。

天已经黑了下来。突然间，周围山头响起了枪声，他们遇上了一伙土匪。全车乘客吓得慌乱哭叫，崔师长立即跳下车指挥道："我是解放军，大家都听我的。现在天黑看不见，带小孩的赶紧哄住孩子，不要哭叫，以免暴露目标。其余的赶紧下车推车，冲出包围圈！"

师长一挥手，带着柴云振他们几名警卫员，迎着土匪冲了上去。一顿手榴弹狂炸、冲锋枪横扫，打得土匪连滚带爬逃跑了。大家一鼓作气，把车推到山顶，脱离了险境。

第二天，当车上群众得知昨夜保护他们的，竟是一位解放军的师长，大家又是惊讶又是感动。几位老人回家后一定要抬着猪来部队表示感谢，他们纷纷夸赞道："共产党的官就是跟国民党的不一样啊，要是国民党早就跑掉了，哪还顾咱老百姓死活！""实在对不住了，昨天还把首长挤到车顶上坐，请多多包涵。""要是国民党的师长，不早把我们都赶下车了，解放军真是仁义之师！"

静静地听完老人讲述的往事，我终于明白了是怎样神奇的力量，让这个在国民党军队里成天想当逃兵的伙夫，到了共产党军队后被锻造成战功显赫的英雄。那些难忘的峥嵘岁月，早就锻造出他坚实的精神柱石，汇聚起他最深沉的人生动力，激励他向着太阳追逐生命的荣光。

朴达峰上那一天的战斗，不过是柴云振人生升华的临界点。在此之前，他其实早已在硝烟烈火中百炼成钢。

第十二章

一生家国

一辈子的命令

柴云振老人只是人民军队中的一名普通士兵，但他的人生却如一本厚重的教科书，字里行间不仅让人感动、感怀，而且让人感慨、感奋，从中明确许多做人的哲理，汲取奋进的动力。

在柴云振儿女们眼里，虽然在很长一段时间不了解父亲在战场立下的战功，却了解他在生活中承受过的磨难。如果把柴云振受过的苦分成若干份，其中任何一份，都可能压垮一个人。然而，面对这些苦的集合叠加，他一关一关地挺了过来，用行动证明了自己那句硬骨铮铮的话："我自己的汤圆自己搓得圆！"

一副肩膀，到底能扛起什么？柴云振的一生给出这样的答案——战争年代，能够扛起冲锋枪、扛起炸药包；回到农村，可以用肩拉犁开荒；受了委屈，可以用一副铁肩扛起常人难以承受的苦难。

从一九五二年复员回到家乡到如今的几十年里，柴云振经受过太多的曲折坎坷，但支撑这位老兵几十年风雨人生的坚实底座，正是在人民军队中风雷激荡的淬火铸炼。多少年沧桑浮沉，有一些人他从未忘记，有一些事他牢记心里。他说，我不是一个人在活，还要替牺牲的战友们活，替他们去圆那些未完成的梦。关于人生的大与小，苦与乐，得与失，他心中一直有一杆自己的“秤”。

几十年来，柴云振经常在梦里回到那个下雨的早晨，经常怀念那位牺牲在胜利黎明的指导员。

那是一九四九年十一月，柴云振刚调到四十五师警卫连不久，部队急行军前往参加广西战役。那天天刚放亮，大部队已经先行开拔，他和警卫连指导员留下清理完驻地，去追赶部队。

晨雾朦胧，小雨纷纷，他们刚离开村子不久，突然从后面传来一阵杂乱的枪声。

指导员叫了一声“不好”，立即决定马上返回去，看看村子里发生了什么事情。

他们悄悄摸进驻地附近，原来是一小股国民党的溃军，趁解放军大部队撤走之机，溜进村子大搞骚扰破坏。狗急跳墙的敌人四处抢夺粮食，烧杀掳掠，村子里乡亲们哭喊一片，景象十分凄惨。

怎么办？他们只有两个人，弹药也所剩无多，敌人可是急了眼的赌徒，真要拼起命来不知鹿死谁手。但若去通知大部队返回围剿，肯定来不及了。

指导员当即咬牙下定决心：“新中国都成立了，不能让老乡们再遭殃，跟他们干！”

指导员分好工，两个人从不同方向突然杀出，一阵扫射打得敌人措手不及，鬼哭狼嚎。

惊慌失措的敌人狂奔逃窜，但还不忘把抢来的值钱东西带上。

“群众的东西，不能让敌人弄走了！”指导员大声说，“我们不能丢下老乡们不管！”

他俩一起拦住敌人退路，指导员奋力还击，试图夺回被抢去的东西。这时一颗子弹正中他的头部，指导员猝然倒地。

柴云振抱住指导员，鲜血已浸透了他的军装，他断断续续地说："保护……保护好老乡们，这是任务……"未及下完命令，指导员就倒在了柴云振怀里。

柴云振怀着满腔仇恨，端起枪猛打猛冲，打得敌人落荒而逃。

在后来的战斗生涯中，柴云振目睹过许多战友的牺牲。但这位指导员却让他永远难忘，他忘不了指导员牺牲前那句话，那是最后的命令，也是对他无尽的期待："保护好老乡们，这是任务……"

指导员的这道命令，柴云振在心头刻了一辈子。

一九五二年五月，柴云振作为一名志愿军复员老兵，回乡后领到了一千斤大米的复员费。在老家大佛乡园艺场村，他看到有些人家生活困难，快揭不开锅了，便和母亲商量，从一千斤大米中拿出四百斤来接济困难的乡亲。

那时刚有媒人给柴云振介绍了十九岁的对象刘传琼，双方都很满意，他们已经在谈婚论嫁了。母亲劝说道："娃儿，你也老大不小了，该成家啦。这一千斤米讨个老婆的彩礼都不够，哪顾得上接济别人？"

柴云振耐心地开导母亲："妈，我是共产党员，又是复员战士，总不能眼睁睁看乡亲们挨饿呀！再说，党和政府颁布了婚姻法，号召青年人新事新办，只要是有眼界的姑娘，不会在乎这个的。"

为此，柴云振专门去找还未过门的刘传琼做工作。谁知姑娘特别通情达理，一句"不图清闲不图富，就图你是个志愿军”，不但支持柴云振接济乡亲们，还去说服父母不要收他一分钱的彩礼。

就这样，刚刚回到家乡，柴云振这一千斤大米的复员费，就拿出了近一半接济乡亲们，算是交了一次“特殊党费”。

在对柴云振进行“卷入式”采访的十多天中，我试图寻找他身上那种更加丰厚的真实性人格。我发现，只有沿着柴云振从军队到地方、从战争年代到和平岁月的成长之路，不断破译他功勋卓著、深藏不露的精神成因，探寻他艰辛历尽、无怨无悔的心路历程，才能最真切地感知他的宽广胸怀到底从何而来。

岁月会变，本色不变；容貌会老，忠诚不老。我发现，一些高大上的词语，根本不适合套用在柴云振这样一位质朴老兵身上。除了军旅生涯留给他的精神烙印，他身上更多凝聚着我们这个民族的传统美德，比如精卫填海的坚韧、一诺千金的诚信、季札挂剑的道义……他不是人们思维中习以为常的那种“定式英雄”，因为他身上融入了更多“将心比心”、人情仁义的中国式精神。正是一颗善良宽厚的心，让他看不得有人受苦，也让这位戴草帽的老兵，一生都在默默执行着指导员留给他的那道“命令”。

无情也是真豪杰

一九六〇年前后，国民经济进入严重困难时期。党的八届九中全会正式对国民经济实行“调整、巩固、充实、提高”的八字方针，经济工作重新回到轨道上来。

“疾风知劲草，烈火见真金。”这一过程中，柴云振和老乡们一起经受着曲折磨难，更体现身为一名共产党员的崇高境界。采访中，柴云振老人的老伴刘传琼，给我讲了一个关于“三十斤麻豌豆”的真实故事，一波三折，令人动容。

这一年，柴云振任岳池县罗渡公社党委副书记。当地干部的口粮每人每月只有十九斤，不少人得了浮肿病，腿上一按一个坑。春荒时节，上级补助了三十斤麻豌豆。柴云振已有三个儿女：大女儿柴昌英不满七岁，儿子柴兵荣刚过了四岁，二女儿柴昌兰才两岁半，正是吃奶的年龄。

妻子刘传琼把有限的一点粮食都省给了嗷嗷待哺的儿女，自己吃的全是野菜，饿得全身浮肿，这时候分到的三十斤麻豌豆，对于全家来说是不折不扣的救命粮。

柴云振背着粮食急匆匆往家赶，忽然发现本村的光棍何本金奄奄一息倒在路旁。何本金弟兄三个，由于太穷，他四十多了还没娶上老婆。兄弟们顾不了他，他只好单独生活。每人每天半斤口粮，人口多点的家庭加上野菜还能勉强凑合，而何本金不到月底就断了炊。这天他夹了一只破碗，想去罗渡镇讨口饭吃，没想到一坐下就站不起来了。

柴云振望着这位气若游丝的乡邻，心里说不出是什么滋味。他忙把肩上的袋子放下来，把麻豌豆倒出足足三分之一，送给了何本金："回去吧，现如今人人都在饿肚子，镇上哪有多余的饭打发你呀！"何本金挣扎着跪下来："云振弟，谢谢你救了我的命！"柴云振忙把他搀了起来。

刚走到离家不远的地方，柴云振又发现年过八旬的五保老人屈胡氏，正跪在田里吃力地挖着野菜。老人家这个样子，不帮一把她很难挺得过去。柴云振心里一阵酸涩，又把肩上的麻豌豆分出一半倒给了老人，然后掂着仅剩的几斤回到家里。

这时，天已经黑透了。家里没有响动，厨房昏灯冷灶，妻子呆呆地坐在灶旁，怀里搂着面黄肌瘦的儿子，女儿柴昌英无力地偎依在妈妈身边。柴云振忙生起火来，沙哑着声音说："我分了点麻豌豆，先给孩子们煮点吃。"

两个孩子一听，顿时眼里放光。

水烧开了，豆子下到锅里，渐渐飘出了香味，两个孩子馋涎欲滴。

忽然，邻居屋里传来一阵孩子的哭声。柴云振赶过去一看，邻居兰罗氏病倒在床上，一对小儿女已经饿了一整天，趴在母亲身边只顾哭泣。

这时麻豌豆刚刚煮熟。柴云振连忙回来掀开锅盖，连汤带豆舀了一盆，端起就往外走。经过一夜一天的忙碌，总算安顿好了邻居饥饿的孩子们。

这一圈波折下来，柴云振分到的三十斤麻豌豆，留给自家人的只有一小碗。

“老柴这个人，别看当过兵打过仗，他的心肠比糍粑还软，看不得人受苦……”妻子跟他过了这么多年，了解他的性格，所以很少责怪他“多管闲事”。但是有一件事情，却成为夫妻俩心中藏了几十年的痛，这就是二女儿柴昌兰的死。

一九六〇年四月，自然灾害严重，以及在“反右倾，鼓干劲”的要求下，全国掀起“大跃进”的高潮，这期间遭到最大破坏的是农业生产，受害最重的是农民，不少省份农村非正常死亡人口急剧增加。作为新民公社副书记的柴云振，眼见群众挣扎在生死线上，怎不焦虑万分？公社书记离职学习去了，全社五千多口人的吃喝都落在柴云振的肩上，他和群众一样饿着肚子，走村入户去了解情况，解决问题。

柴云振的家乡大佛公社与新民公社是近邻，要回一次家只需半天时间。可区委前两天通知，要把各公社的灾情摸清，以便统一研究解决办法。柴云振可以选择让人整好材料，可他深知灾情严重，刻不容缓，为了摸清情况，坚持亲自逐个大队去走访，到社员家中查看真实情况。妻子已经三次托人带信叫柴云振回去，说二女儿病很重不能再耽搁了，他一再说尽快回去。这一天，柴云振跑了六个大队，次日早晨又赶到区里开会，向上级及时汇报困难情况。直到第三天夜晚，他才绕道回家去，可为时已晚。

妻子刘传琼憔悴不堪，泪流满面坐在床上，把重病垂危的二女儿昌兰抱在怀里。风把煤油灯吹得一闪一闪，全家人影在墙壁上晃动着，满室凄凉，毫无生气。

刘传琼拖着三个小孩，既要撑家务，还要到田里干活。

每人每天半斤的口粮只够填牙缝，自己饿得全身浮肿，哪还有奶水喂小女儿昌兰。小昌兰断了奶，只好和大家一起吃野菜，哪知肚胀拉稀生了急病。为了给二女儿看病，刘传琼已花光最后一分钱，连喂的两只母鸡也卖掉了，老二的病情却未见好转。她看在眼中，急在心上，才托人带信叫柴云振赶快回家，可一连带去三次信，都不见人回来，她只好急得一个人独自垂泪。

柴云振的心如同针扎。这是个什么样的家啊，几样简陋的家具，破烂不堪的蚊帐，被子还是他们结婚时购置的，四处漏雨的房瓦也没有翻盖，他欠这个家太多了，欠妻子和孩子们太多了。

柴云振走到灶房揭开锅盖，瓦钵中盛着一点米糊糊。

“这么晚了，还没吃饭呀？”他不安地小声问。

这一问，把妻子的满腹怨气引了出来：“家里的人都要死了，你连照面都不回来打一个，还要不要这个家呀？”说着，刘传琼抱住孩子声泪俱下。

柴云振一时无话可说，他一边烧着火，一边问妻子：“老二吃没吃药？我再去请个医生来看一下？”

妻子哭泣着说：“上午请医生看过，吃下去的药都吐了！”

柴云振虽然饥肠辘辘，可面对家中如此光景，他一口晚饭也吃不下。

老二已哭不出声来了，喘气不止。妻子悲伤抽泣的声音，像刀子往柴云振心里扎。

他实在太累了，坚持不住地迷糊了一下。突然间，妻子“哇”的一声大哭，把柴云振惊醒了。他慌忙把煤油灯点上，再伸手去摸，原来老二的脸、手都已冰凉了。

妻子哭得全身颤抖，声音都嘶哑了。她死死抱住老二不放，柴云振不知该怎样安慰她才好。如果他早点回来，孩子也许还有救。而今回天乏术，他的心也快碎了。

鸡已叫两遍，天就要亮了。柴云振把老二硬从妻子手里抱了过去，用一件旧衣服包住，用一张破席裹好，抱着孩子向后山坡上走去。

这小小的山坡，在柴云振脚下却如此漫长。他的双腿如同负重千钧，即便是在千里追击艰苦行军的路上，即便是在朴达峰那个冒死攀登夜袭敌营的晚上，他也从未感到如此疲惫和乏力。他觉得自己的骨架快散了，血液枯竭了，再也挺不住了……

他使出最后一丝力气，在山顶刨出一个坑来，埋葬好了女儿。临走时，他突然想起活泼可爱的女儿平时最喜欢小花小草，便摘来一束野花放在坟头。最后一刻，这个铁打的汉子终于忍不住第一次痛哭失声……

决战岂止在沙场

那一晚，沉沉的夜色里，柴云振彻夜失眠了。

他的思绪飞回那炮火连天的战场上，飞回那激情澎湃的岁月里。自参加革命队伍那天起，为了来之不易的胜利，为了让人民过上好日子，他目睹多少战友前仆后继，流血牺牲。

他们浴血奋战、九死一生建立了这个崭新的国家，他们更发自内心地想用自己的双手建设好这个国家。柴云振复员回到家乡，就带着满腔热情投入社会主义建设，任何时候都积极响应党的号召，完成任务绝不打折扣，像战争年代当突击队员时一样坚定。一九五三年当岳池县大佛乡乡长时，他泥里水里和社员们滚在一起，耕种时畜力不够，他和社员一起拉犁拽耙，收获季节他和社员一同捡拾麦穗，做到颗粒归仓；一九五八年全民大炼钢，他告别身怀六甲的妻子，打起背包就上了华蓥山办灰炭矿，一去三个多月没有回过一趟家……

一九五八年之前，他看到了社会主义建设取得的伟大成就，他愿意为之挥洒青春汗水。可是这几年全党、全社会都在努力拼搏，自己也豁出了身家性命，为什么群众的生活反而越过越糟呢？作为一名党员干部，他既为乡亲们的苦日子感到内疚，心情沉重，也在思考自己到底应该做些什么。难道，战争年代舍生忘死，有我无敌，那么多艰难险阻都不在话下，眼前这道关口就真的过不去了吗？

工作上越是不顺利，柴云振就越是怀念那些在人民军队的日子，官兵之间互相信任，同志之间互相激励，政治上高度团结，那是一种多么团结向上的美好氛围啊！

记得一九四九年春节刚过，渡江战役即将发起，十五军在周口整训中掀起请缨作战、再立大功的热潮，陈慎言等九名战士写下一封挑战书，用指血按了手印，以“坚决不动摇”“保证完成任务”等条件向秦基伟军长挑战。

战士们求战的热忱、火热的心情，使秦军长十分感动。他立即给战士们回了一封应战书：“在‘打过长江去，解放全中国’的伟大进军中，我很高兴和你们作革命的竞赛。虽然我们工作岗位不一样，可是我们奋斗目标是一致的。你们给我提出的挑战条件，表现了你们对革命的无限忠诚，给了我极大的鼓励和督促……我们就一起来努力吧！”

后来，军政治部把秦军长和战士们的挑战书、应战书登在了《战场报》上，在部队引起了强烈的反响，柴云振和战友们还进行了热烈的讨论。无论是战争年代，还是建设时期，群众中的积极因素始终是存在的，关键是各级组织能否因势利导，发扬民主，正确贯彻上级的决心和政策。

然而，本性难改的军人作风，在一个个特殊时期考验着他的灵魂坚守。

区委书记何文武（化名），就是柴云振的一位“老对头”。若论资历，他比柴云振浅；论党龄，他比柴云振短。这位何书记一向独断专行、刚愎自用，柴云振一再给他提中肯的建议，惹恼了他，两人的矛盾越积越深。

一九六一年的一天，何书记召集全区生产大队长、支部书记以上干部开会，一下就批斗了四十八人，还在批斗会上动了手。柴云振感到这种过火行为必须纠正，会后找到何文武提意见："何书记，这些大队干部辛辛苦苦在下面工作，我们应该关心他们，体谅他们。即便有错误，我们当领导的也应该承担一些责任。至于打人，那更不是我们共产党人的作风了。"

何文武气得脸色发紫，指着柴云振的鼻子吼道："你胆子不小，教训到我头上来了！"柴云振不冷不热地说："何书记，听不听由你。但开展批评和自我批评，可是我们党内的老规矩。"

由此，何书记一直耿耿于怀。正好县委来了一道指示：要求领导干部深入基层，组织群众抗灾自救。何文武一下想到了柴云振。一来柴云振工作务实，肯下力气；二来嘛，这次如果干不好，看柴云振还怎么当"事后诸葛亮"！

没想到，柴云振二话没说就爽快地同意了。共产党员就应该挑最重的担子，攻最艰巨的堡垒，只要组织给任务，他从来没有讨价还价的习惯。

柴云振临危受命，走马上任新民公社党委副书记。

经过田间地头的深入调研，他发现问题的严重性超出了想象。群众一个个面容清瘦，无精打采。一天半斤米的定量，连牙缝都填不满，哪里还有力气干活。

柴云振召集大会，为大家加油鼓劲："社员同志们，这两年国家遇到了暂时灾难，毛主席连肉都不吃了，也和我们一起共渡难关。而今中央有了新政策，暂时把公家的田地再借一点给社员耕种，不纳粮税，号召我们抗灾自救。我们要一起想办法，解决眼下的困难。"

听柴云振这么一说，乡亲们战胜困难的信心大增。柴云振决心把集体已经撂荒的一些山坡地借给社员们耕种。可出现了一个矛盾：按照上级规定，最多只能借给社员八到十方。社员们却嚷嚷说：反正这地荒着也是荒着，柴书记行行好，多借给我们一点吧，这样才能渡过饥荒啊！

柴云振这下犯难了：如果多借地，就违反了上级规定；不多借吧，这些地荒着也怪可惜的。他想起当年在战场上孤身坚守朴达峰，那时没有上级直接的作战计划，他还不是大胆出击夺回了山头？今天，为了救乡亲们的命，冒点风险又怕什么。柴云振最后咬咬牙，横下一条心："只要能救社员的命，犯了错误我顶着！"

于是，柴云振亲自掌杆，给大家丈量分配了土地。社员们欢天喜地，集体的大田活一忙完，就去精心侍弄自留地。这一年，生产队获得了丰收，社员们的粮囤装满了粮食，虚弱的人们终于吃饱了肚子，一个个面色重新红润起来，村里的笑声歌声也多起来了。

“泥巴汤圆也搓得圆！”

抗灾自救初见成效，柴云振又开始思考下一个问题：家中有粮，心中不慌；手里有钱，过得风光。不仅要让群众吃饱肚子，还要让他们手中有点余钱。从哪里赚钱呢？办工厂没经济实力，发动社员养猪又没有余粮。柴云振在区里兽医站当过站长，他一拍脑门：对，可以先让社员养鸡养鸭，本钱花得少，见效还快。

听说三十里外有一名养鸭能手，柴云振带上四斤上好的点心，马不停蹄赶去拜师学艺。

柴云振一心为群众谋利益的态度，深深感动了那位师傅。他毫无保留地把养鸭技术传授给柴云振。末了，柴云振掏出当月领的工资，全部买成了鸭苗，借了两个竹筐，半晌后挑着鸭苗就往回赶。

刚走到半路上，天边突然涌来一片乌云，瓢泼大雨倾泻而下。前不挨村，后不着店，小鸭子被大雨浇得扑腾直叫。这可心疼坏了柴云振，他连忙脱下全身衣服盖在竹筐上，自己只穿着一条短裤，挑着担子顶着狂风暴雨跑了回来。

当社员们掀开竹筐上盖的衣服，看到一担小鸭子都安然无恙时，柴云振却打起了喷嚏，他被大雨淋感冒了。

第二天，他不顾自己还发着烧，把公社干部集中起来，讲授刚刚学来的养鸭技术，让大家分头下去传授给各个生产大队。整个新民公社的农副业生产，欣欣向荣地发展起来了。

就在一切顺风顺水的时候，一个电话把柴云振紧急召回了区委。

何书记阴沉着脸，拿起一份红头文件，撂给了柴云振，冷冰冰地说："你看看这个吧！"

柴云振拿起一看，是一份关于他的处分决定。决定中说，柴云振同志身为共产党员、国家干部，竟违反上级规定，私自将公有土地借给社员耕种……该同志"只抓吃饭，不抓路线；只抓青菜大葱，不抓阶级斗争"，群众反映他是"鸡娃儿干部""鸭娃儿干部""种菜书记"。鉴于以上错误，区委认为该同志已不适合担任公社领导干部。经研究决定，并报县委批准：撤销其一切职务，保留一般国家干部待遇，下放回所在大佛公社生产队劳动。

柴云振只觉得胸口一阵发闷，群众生活如此困难，中央提倡调查研究，纠正错误，调整政策，允许社员经营少量自留地和小规模家庭副业，到了他这里怎么就成了问题，还被一撸到底？

柴云振心里知道，这里既有上级不明真相的原因，更有心胸狭窄的何书记的"功劳"。他早就料到会有这一天，也做好了心理准备。但耳闻目睹乡亲们生活的困难，自己亲身经历与女儿的生离死别，让他对这种官僚主义深恶痛绝。

看着脸色阴晴不定的何书记，柴云振明白再没有道理好讲，他临走只丢下一句硬邦邦的话："何书记，你放心，回去搓泥巴汤圆，老子照样搓得圆！”

柴云振最后一次召集干部开会告别。同事们眼泪汪汪，全都长吁短叹替他鸣不平。听说柴书记被撤了职，刚过上好日子的群众不干了，准备联名到区委去请愿留人。柴云振赶忙劝阻：“这可千万要不得。我个人受处分是小事，绝不能把事情闹大了。再说，三穷三富不到老，受个处分又算啥！”

公道自在人心。柴云振老家园艺场村的乡亲们闻讯赶来了：“柴书记，我们来接你回去，就回咱们村，大队长的位子给你留着哩！”

一回到家里，柴云振就病倒了。

受到区委的撤职处分，他虽然表现得冷静沉着，但满腔委屈却无处可诉：我柴云振参加革命以来，什么时候怕过死、怕过苦，难道我们搞事业只能让社员受穷？

柴云振痛苦地追问着，没有人能给他答案。他三天三夜没有闭眼，最后发起了高烧，满嘴都是水泡。朴达峰战斗留下的后遗症复发了，他头痛得一阵阵虚脱过去，不断冒出的汗水浸透了衣衫……

迷迷糊糊的高烧中，他又回到了昔日的战场，一次又一次听到战友们遥远而亲切的呼唤……

他回到了第一次投奔解放军的那一年，年轻的赵排长温和可亲地告诉他：我们共产党人就是全心全意为人民服务的，我们打仗全是为了能让老百姓过上好日子。

他回到了渡江战役的总结动员大会，秦基伟军长站在高台上振臂疾呼：同志们，我们“打过长江去”的目标已经实现了，但“解放全中国”还要不懈努力，我们要将革命进行到底，直到中国人民都吃得饱、穿得暖，过上幸福好生活。

他回到了被炸成一片焦土的朴达峰，满身鲜血的战友郭忠堂就躺在他的怀里，用尽最后一丝力气，把那一小包牛肉干递给他，希望他坚持战斗，为三营守住阵地……

“嗒嗒嗒！”该死的暗火力，该死的制高点！三营还会反攻上来的，不能再让战友们白白牺牲了，必须拔掉火力点，夺回阵地，同志们，永别了……

“冲啊，冲……啊！”不知何时，满身大汗的柴云振挣扎着醒过来，他看见床边的妻子儿女们正急得直哭，乡亲们也红着眼围了一大圈。

真的要感谢那个漫长的梦，帮柴云振治好了病，他奇迹般开始好转了。这天午后，他揭去敷在头上的湿毛巾，一步步走出家门，夏日阳光照得他有些晕眩，空气里飘来阵阵熟透的麦香味儿，他微微闭上眼深深地呼吸，一个难得的丰收季节到来了。

柴云振挪动脚步朝晒坝场走去，他迫不及待想看看今年麦子的收成。只要地里还能长庄稼，打粮食，就还有明天，还有希望。

从那天起，柴云振踏踏实实当起了大队长。从公社干部到小小村干部，“官”越当越小，他仍然干得热火朝天。无论是扛枪还是扛锄头，群众的信任拥护，在他眼里永远是命根子。

当了老家园艺场村的大队长后，柴云振不仅负责领导指挥，还是最得力的突击队员，建学校、修水库、平晒坝、架桥梁……没有一件事他不带着大伙儿一起干。那时，大队有一支基本建设专业队，柴云振既是队长，又是骨干队员，成天和乡亲们同吃同劳动。

那是一九六六年的一天，大佛寺寨下的山垭上，基建队的小伙子们号子声声，锤声叮当，真是一派热气腾腾的景象。

“柴书记，您可是当过兵的，敢不敢和我比一比？”一个打二锤的壮小伙子，半开玩笑半挑战地对柴云振说。

柴云振虽然已累得浑身乏力，但看见大家干劲冲天，劳动热情高涨，也忍不住拿过扛子、绳索去和小伙子们比试一下。有人见他面色有些发白，劝他休息一会，他婉言谢绝了。

这位一向喜欢逞强争胜的小伙子，有意和柴云振组成了一对，比赛一起抬麻条石。

抬石头可是一件考验腰力、腿力、平衡力的苦活累活。大家怀着紧张的心情，看着这一老一少的动向。一趟又一趟，他们专拣最沉最重的石头抬。抬最重的一块时，柴云振怕小伙子承受不起，暗中将绳子拉过几寸。

两人抬起来晃了几晃，柴云振好不容易才稳住。要上一个斜坡了，大家见柴云振脸色变青，虚汗直流，身子连晃几下，“危险！”两个青壮年见势不妙，一把扶住了柴云振。他汗流如注，嘴皮发紫，昏迷过去，大家顿时吓呆了。有人忙掐他的人中，他才渐渐苏醒过来。

原来是柴云振响应计划生育号召，刚做了结扎手术，本应休息七天才能参加轻微劳动，可他怕工地上质量出问题，不顾妻子的劝阻就来和大家一起干活了。

得知事情原委，那位小伙子后悔莫及，流着泪说：“柴书记，我太不懂事了，不该让你抬这么重。”

柴云振虽然输了，却输得很愉快，他笑着大手一挥说：“莫扯远了，这次我认输，下次还要找你娃儿比试！”

在柴云振感召下，大家浑身鼓起了劲，大大加快了工程进度。那些日子里，虽然非常累，但能带着乡亲们意气风发地投身社会主义建设，能够在艰苦的岁月里与乡亲们休戚与共，同心同德，一起渡过难关，柴云振每天都累得心甘情愿，干得斗志昂扬。

第十三章

谁是最可爱的人

初心本色

然而，谁也想不到，“官”越当越小的柴云振，最后连大队长这个职务也保不住了。

正当我国克服了国民经济的严重困难，完成经济调整任务，开始执行第三个五年计划的时候，“文化大革命”开始了。

柴云振这个农村大队长，也被打成了“走资本主义道路的当权派”，被罚到水利工地劳动改造。柴云振巴不得离开乱哄哄的斗争旋涡，他很干脆地说：“好哇，你们抓革命，我去促生产。”

岳池这个小小的县城，也成为风雷激荡的舞台。

岳池县水火不容的两派群众组织听说柴云振当过兵，知道他有实战经验和指挥能力，于是，都盛情邀请他“出山”，希望他这个“走资派”转变成“革命派”。

有一天，一个造反派头头来到工地，找到柴云振恭恭敬敬地问：“您是柴书记吧？您是老前辈、老革命，听说您上过战场打过仗，还是一名出色的机枪射手。我们‘八一战团’现在到了决胜阶段，请您加入我们革命造反派，为人民打出一个红彤彤的新政权。”

柴云振听完对方的讲话，不动声色地回答：“我早就有派了。”“什么派？”“共产党派啊！除了共产党这一派，别的什么派我都不参加。”

对方一听，恼羞成怒，领头的指着柴云振的鼻子就骂道：“你这个死不悔改的走资派！你就好好在这待着吧，本司令以后有你好瞧的。”说罢，带着那帮人愤然离去。

第二天又来了另一帮戴红袖标的人，说是“反到底”一派的。和昨天一样，他们先恭敬邀请柴云振加入他们的造反派。柴云振慢条斯理地反问道：“你们说，是共产党大还是派大？”对方答道：“当然是共产党大！”“我早就加入了共产党，别的派就免了罢。谢谢你们的好意，我还是在这里劳动安逸。”“好你个柴云振，敬酒不吃吃罚酒，你就等着吧！”这帮人也悻悻然碰了一鼻子灰。

柴云振一声长叹，心里如同灌铅一般沉重。

他自己有办法对付这些“嘴上还没长毛”的造反派，可面对受到牵连的家人，他就无能为力了。

儿子柴兵荣忍不住抱怨。

柴云振一听，气不打一处来：“给老子放屁！我能跟那伙人上一条船？”

“你倒是躲安闲了，那我的前途呢？这回征兵我又去体检，身体完全合格。可人家一口咬定你是走资派，不向革命群众靠拢，我都被刷掉好几回了！”柴兵荣又急又气，委屈得泪水在眼里打转。

妻子刘传琼见柴云振不说话了，过来劝道：“老柴，你就到公社去给人家示个弱，说点好话，这可是儿子一生的大事啊。”

柴云振刚消了一点的火又冒了出来：“让我去给那些造反派‘下矮桩’（四川方言，意思是示弱赔礼），他狗娘养的等着下辈子吧。我就看他们还能折腾多久！”

在最艰难的日子里，柴云振忍辱负重，嘱咐家人要坚信党和国家。他入党那一天，距离新中国成立才刚刚一个月零三天，这么多年，他们这一代人和党、和这个国家，一起经历了多少风雨？他一直记得当时的那句入党誓词，“全心全意为人民服务，不屈不挠，为共产主义事业奋斗到底”。是啊，不屈不挠，奋斗到底，说起来容易做起来难，昨天他们为建立新中国抛洒了多少青春热血，今天面临这些困难险关，难道就经受不住考验了？

“四人帮”终于被粉碎了，历经了漫长的等待，柴云振和乡亲们一起迎来了希望的春天。

十一届三中全会后，党和政府为调动农民积极性，提倡经营致富，搞活经济。但在改革开放初期，许多群众对“割资本主义尾巴”还心存余悸，不敢轻易越雷池一步。柴云振仿佛焕发了青春，他满怀信心，带头示范，当起了带领群众致富的领路人。

柴云振曾经在兽防站干过，他发挥特长，借钱买来两头母猪仔，一心扑在了养猪致富上。战争年代，柴云振在部队的“人马健康运动”中就立下过汗马功劳，经他照料过的战马牲口都膘肥体壮，为行军打仗提供了可靠保障。如今他拿出了开展“人马健康运动”时的那股子劲头，除了忙田里的庄稼外，就把一门心思放在了“养猪事业”上。他那双扛枪打仗的大手，从此照料起了两头小母猪，干得跟战争年代一样起劲。几番起早贪黑，看着两头小母猪像吹气球一样往上长，柴云振乐得合不拢嘴，有时半夜三更都要到猪圈看上几遭，生怕有个什么闪失。

功夫不负有心人，一九八二年，柴云振养的两头母猪产仔了。老两口忙得三天三夜没合眼，连儿女们也跑前跑后来帮忙。两头母猪共生了二十二头小猪仔。看着这群肉嘟嘟的小家伙哼哼唧唧地抢着奶吃，全家人高兴得脸上像开了花。

可挠头事也跟着找上了门。听说柴书记养的母猪产了仔，村里困难户李富生找到他，吞吞吐吐半天提出要“借”一头猪仔去养。李富生是个残疾人，家境一直比较困难，如今他也想发家致富，可手头实在紧张，拿不出现钱来买猪仔。柴云振这些年没少接济他，他老添麻烦，不大说得出口，这回鼓足了勇气才来“打白条”。

谁知柴云振毫不犹豫地说：“这有啥关系，咱们乡亲又不是外人，这样吧，等猪仔一满月，你就先抱一个回去养，等赚了钱再说。”李富生千恩万谢地回去了。

这下可好，大家都知道柴云振心肠软，好说话，一个个络绎不绝前来“借”猪仔。就这样，三下五除二，刚等到满月，两窝猪仔就全部“借”出去了。结果全家忙下来，不但没有见到一分现钱，反而欠下不少饲料钱。这下儿女们不干了，一家老小盼着卖了小猪仔好买年货，扯布缝衣裳，可辛辛苦苦一场下来，却竹篮打水一场空！

柴云振看着儿女们气呼呼的脸，笑笑说：“娃儿们，咱只要还有这两头母猪，就不愁富不起来。再说，爸爸是名党员干部，人家相信我，才找我帮点忙。”

从此，柴云振家喂养了二十多年母猪，从没将猪仔挑到街上去卖过，来“借”猪的社员没钱都可以赊账，直到一年多后等猪长大卖了再来付清欠款。

以上这几个小故事，有的是我采访柴云振老伴刘传琼阿姨时听来的，有的出自金青禾、李强等人编著的《埋名英雄柴云振》一书。作者还在该书后记中讲了一个令人感怀的情节：

一九九〇年五月中旬，我们请他一同赴京座谈有关史料。在火车上，我们好几次劝他吃饭，他都以“未饿”、“不舒服”的借口拒绝，在饭馆也拣便宜的饭菜吃。后来我们发现他的食量并不差，为什么在火车上不吃或少吃呢？原来，火车上的饭菜卖得较贵。

我们回忆起，他的妻子曾经透露，柴云振每月只有一百六十元收入，子女都因收入低，且要养家糊口，无力帮助父母。而他这一百六十元，除去房租、水电，妻子多种疾病所必花的药费，还有人情客往的开支，所余也就显得很紧了。难怪他在火车上为了减少开支，而不得不忍住一时的饥饿啊！

我们看出了老英雄的心思后，对他说：“您为什么不去反映一下，给您老要定期生活补助或医药补助费呢？这一要求也不算过高吧！”

柴云振同志摆摆头，回答说：“我们国家也有困难呀！”

一位闻名全国的战斗英雄，如此精打细算地花费每一分钱，甚至为控制开支跟自己过不去，这既是柴云振老人淡泊明志的境界，也道出了他处世为人的法则。在这样的苦乐观、得失观面前，柴老其实过得很充实，而很多利欲熏心的人应该感到羞愧脸红。

永远的八连

自从部队找到柴云振后，他出名了，而且成了家乡的大名人。

北宋欧阳修说："忧劳可以兴国，逸豫可以亡身。"名利观对人生走向的影响，有时并不亚于枪林弹雨的考验。一个人如果单纯把鲜花和掌声当享受，就难免汲汲营营，拔足艰难。在采访柴云振老人时，我总能感受到一种无声而质朴的力量，那是一种历经岁月惊涛后的超脱平和，也是一种大道至简的英雄本色。

老人家平时爱抽点烟、喝点酒，抽的是简单的"紫云烟"，喝的是自家泡的枸杞酒。他曾留我在家吃过两次饭，每次都倒上一小杯酒邀我共饮，我愉快地接受邀请："好，喝一杯您老的英雄酒，壮一回英雄胆！"

他的老伴刘传琼阿姨告诉我，以前从未听柴云振讲起打仗立功的事，一直到北京的记者来采访，她还一问三不知呢。她只知道，柴云振平时从不爱看电视上的战争片，一看就要换台；每到清明节，他都要燃上几炷香祭奠牺牲的战友，一个人默默地流泪……

几天相处下来，我已和柴老渐渐熟悉。我告诉他，我是在凤凰卫视看到关于他的一期节目，才来采访的。柴老只是淡淡地说家里的电视收不到这个台。后来在他孙女的电脑上，我上网搜出了这期节目，陪着柴老静静地看完。这期间他一直没有说话，最后起身拄着拐杖默默离开了。

我无法想象老人当时是什么心情，也不便再多问。那些天，我看到的是一位越是铁骨铮铮的老军人悲天悯人的情怀。有一次他不无感慨地说："这个世界上最好不要有战争。一个人活几十年好不容易，好不容易哦……"

这位立下赫赫功勋的钢铁战士，有着自己朴实的战争哲学，有着历经沧桑后对生死荣辱的全新认知。在柴老心里，他只是代表那些牺牲的战友们在领受这份荣誉战功。自从部队重新找到他后，他就郑重给全家人定下一条"铁律家规"：任何人不得打着他的招牌去向政府伸手，要靠自己的双手创造幸福，"我帮不了你们什么，也不会帮你们"。儿女们最终理解了父亲的心情，不再为工作上的事要父亲帮忙。

而另一方面，柴云振又十分珍视党和人民给予他的崇高荣誉。他先后当选为岳池县政协常委、四川省政协委员、第七届全国人大代表。提起老政协委员柴云振，人们提得最多的是"战斗英雄和他的两百多份提案"，他谦逊地说："这是我应该做的事，我也只能做这点事了。"

二〇〇一年，柴云振听到群众对岳池县城附近小河污染的情况意见很大，就向县上递交了《整治安公桥河》的提案。有关部门回答说，现在资金紧张，以后再考虑吧。

第二年他又递送了提案，有关部门答复说，目前条件还不成熟。直到第三年，他还锲而不舍地交上提案，这下引起了县里重视，工程终于上马。群众赞扬说："我们不再受污染之害，全亏老英雄为大家呼吁。"

二十多年来，柴云振针对群众反映强烈的社会风气、复退军人待遇和地方建设等重大问题，进行了广泛的走访和调查，坚持每年至少写两份提案。熟悉他的人都劝他："您都这么大岁数了，行动起来也不方便，这些事就让年轻的政协委员去做吧。"

老英雄却坚持要每天走访。孙女柴萍说，爷爷的文化程度不高，但直到晚年都很爱学习。他当人大代表时，每天出门都习惯带上纸和笔，经常顶烈日冒严寒，走村入户去收集老百姓的意见，回来让家人帮忙认真整理出来，然后送到相关部门去。

采访柴云振的过程中，如果说老人还有什么"津津乐道"的事情，就是他晚年还能发挥余热管点"闲事"。

在岳池县大佛乡，有条乡村公路一直泥泞不堪，沿途积水，就连晴天老百姓都要穿高帮雨靴才能走过去。为了修好这条路，从不为自己的事去找领导的柴云振，坐上轮椅去了县政府，督促县里领导尽快落实此事。这条脱贫致富路终于建成通车了，为了不忘记老英雄的功劳，家乡人民为这条路取名"老英雄路"。

在岳池，柴云振可以说是一位最没有"架子"的名人。赶场天看到拉煤车上坡困难，他就不声不响帮着推一段；老干部局的院子脏了，他就悄悄打扫干净；谁家的小孩迷了路，他会把孩子送回家……

"正其谊不谋其利，明其道不计其功。"柴云振再一次打赢了关乎名利的朴达峰阻击战，收获了精神的充实与升华。这三十多年里，他赴全国各地作报告六百多场，用自己的亲身经历，教育人们珍惜来之不易的幸福生活，感恩为中华民族复兴抛头颅、洒热血的革命先烈，激励青年人在时代的洪流中书写壮美人生。

在柴云振老人的心里，还深藏着一个梦，那就是重返他曾经所在的八连——尽管从严格意义上说，他因为参加朴达峰战斗，只在这个连队当过一天兵，而就是这一天，让他一辈子都把自己当作八连的兵。

历经几十年的等待，柴云振的梦想终于成真，终于回到了魂牵梦萦的老部队。

这是一面血染的战旗，一面穿越历史硝烟的战旗，一面满布三百八十一个弹孔的战旗，静静地诉说着一场气壮山河的悲壮战斗，让人们的思绪飞回那震撼天地的血火战场……

柴云振望着军史馆里的这面曾插上上甘岭主峰阵地的连旗，手在轻轻地颤抖。八连，这就是他永生难忘的上甘岭特功八连。这面神圣的连旗浸透了多少战友的热血，凝聚着多少前仆后继的英魂。黄继光的英名，在中国家喻户晓。但很少有人知道，就在柴云振所在的志愿军第十五军四十五师，他们这支部队里黄继光式的英雄就多达三十八位。

他微微闭眼，沧桑的脸颊轻轻贴上这面连旗，那些牺牲战友的音容笑貌，顿时清晰地浮现在眼前：倒在他怀里的指导员、入党介绍人王向农、爱开玩笑的郭忠堂……

泪水打湿了柴云振的眼眸，那是游子归家的心弦颤动，是跨越时空的无声对话，是老兵跨越半个世纪后的精神归队。这难以形容的深厚感情，不可名状的深沉情愫，令在场所有人为之深深动容。

在部队首长陪同下，柴云振第一次参观了军史馆。与其说是参观，不如说是重温，因为这就是他们的历史，他们的征途。先遣渡江、千里南下、解放两广、西南剿匪、抗美援朝……每一幅图片都浓缩着当年的战火硝烟，每一件文物都镌刻着风雷激荡的记忆。他小心翼翼地走，认认真真地看，生怕错过老连队的任何一样东西。

最后，他在一幅集体合影前停下来。这幅照片上，全副武装的志愿军战士们紧握冲锋枪，英姿勃发地簇拥着一面醒目的锦旗，图片说明上写道："1951年7月，15军授予第45师134团8连等部队'出国作战第一功'的锦旗。"

那是朴达峰战斗刚刚结束一个月后拍摄的，那是他和战友们共同赢得的战功荣耀，那张照片上面的很多同志他都能叫出名字来。他喃喃自语道："他们很多人后来都牺牲在朝鲜战场上了，只有我还活着。"

平平常常的一句话，蕴含了对战友无尽的思念，也深藏着英雄隐姓埋名的初心。

今天，柴云振"隐姓埋名，不慕荣利"的奉献精神，已经被列入空降兵部队十大优良传统，成为教育广大官兵的生动教材。柴云振和他的八连，一起融入了这支英雄部队的荣耀血脉。

在人生的晚年，柴云振一直牵挂、关注着老部队的建设发展。这支英雄部队已经过五次调整组建，每一次重组都焕发出无限的生机与活力。从"空中步兵"到"空中集团军"，再到"空中合成部队"，武器装备不断实现跨越式发展，新质战斗力建设不断实现换羽腾飞，今天它已成长为全军威名远扬的战略性力量。

每当国家需要的时候，每当人民需要的时候，他总能从电视上看到老部队一次次赴汤蹈火，力挽狂澜，谱写出一曲曲英雄凯歌，这是老人最为欣慰的时刻。

看到老部队的光荣传统得到传承发扬，看到全军将士在强军征程上一往无前，柴云振老人为人民军队的发展成就感到由衷的自豪。

十多天后，对柴云振的采访全部结束了。合上笔记本，我敬了一个军礼，真诚地对老人说，您是一位了不起的英雄！

老人淡淡地说，我不是英雄，真正的英雄没有回来。

不是尾声的尾声

二〇一八年十二月二十六日，中国人民志愿军特等功臣、一级战斗英雄柴云振，在四川省广安市岳池县因病逝世，享年九十三岁。

无比巧合的是，就在同一年同一月，张富清隐藏了六十多年的战功，因为国家开展退役军人信息采集工作，意外地被外界知晓。

这如同一次神奇的接力，再次诠释了人民军队最深层的精神追求，展现了最独特的精神标识。从一定意义上来说，他们的历史就是一部军人成长史、心灵发展史和奋斗史的缩影。它象征着对军人生涯的理解和对军旅生活的态度，展现了军人的生死观、苦乐观和荣辱观的精神内涵。

老英雄张富清的先进事迹广为传播后，不少人感到惊讶：那么大的功劳，竟然不选择留在城市，而甘心在艰苦偏远地区干一辈子；那么大的战功，竟然默默埋名，淡泊名利如斯……

而这也更引起了我对柴云振和张富清两位老英雄经历的兴趣。翻开他们的人生履历，检索他们的战斗征程，你会发现两位老英雄的人生经历如此相似：他们同样有过两支军队“两重天”的经历，同样是在共产党的感召下踏上革命之路，同样是在人民军队的大熔炉里百炼成钢，同样立下赫赫战功却又隐姓埋名、不改本色……

而随着研究的深入，我竟然发现这并不只是张富清和柴云振的故事，而是一代代无名英雄的经历。在我党、我军的历史上，从来不乏这种淡泊名利的信仰者、拼搏者、奉献者。

这样一篇课文，相信许多人都无比熟悉吧——

这就是朝鲜战场上一次最壮烈的战斗——松骨峰战斗，或者叫书堂站战斗。假若需要立纪念碑的话，让我把带火扑敌及用刺刀和敌拼死在一起的烈士们的名字记下吧。

他们的名字是：王金传、邢玉堂、胡传九、井玉琢、王文英、熊官全、王金侯、赵锡杰、隋金山、李玉安、丁振岱、张贵生、崔玉亮、李树国。

——魏巍《谁是最可爱的人》

李玉安、井玉琢，就是作家魏巍笔下《谁是最可爱的人》里的“活烈士”。抗美援朝著名的松骨峰战斗持续了五个多小时，美军的数十门火炮和十余辆坦克集中射击，并投下凝固汽油弹，第三十八军三三五团三连的阵地一片火海。勇士们带着满身火焰扑向敌人，展开殊死肉搏。

著名作家魏巍深入到松骨峰阻击战阵地，将志愿军战士的英勇壮举写入了《谁是最可爱的人》这一名篇。从此，“最可爱的人”就成了志愿军将士的光荣称号。

《谁是最可爱的人》中提到的“活烈士”李玉安和井玉琢，他们居功不显、隐姓埋名的经历，与柴云振、张富清两位老人极其相似。他们同样在战斗中身负重伤，与部队失去了联系，几十年后才重回人们的视线。

一九五一年，重伤的李玉安被送回国治疗，他的肺部被子弹穿透，两根肋骨被打断，脊椎骨劈裂，先后动过八次手术。

曾经给李玉安治伤的医护人员回忆，出院的时候，李玉安坚持不让医院开具残疾证明，他不想给组织添麻烦，“不想占国家的便宜”。

受伤致残的井玉琢本来可以在荣誉军人学校住上一辈子，但他说自己没文化，选择回到乡下，能干点啥就干点啥，自己养活自己。在给上级的回乡申请中，他这样写道：

“自愿同意回家，左（原文如此，正确的字为“绝”，下文统一标识）对对上级没有义（意）见，在任何困难中，自己是一个革命军（人），左（绝）对不向困难低头，指（执）行党中央的决义（议）。”

两位“活烈士”回到黑龙江省，一位做粮库工人，一位做普通农民。李玉安口述的履历表上，只笼统地写他讨过饭，扛过活，参加过解放战争、抗美援朝，却一个“功”字也没提。

井玉琢被评为二等乙级伤残，领导给他开了三百五十斤高粱米作复员费，他伸手接过那张小小的纸条时，心里想着国家还困难，能给这么多已经不容易了，剩下的就是兑现自己的诺言，“决（绝）不招（找）政府麻反（烦）”，“左（绝）对不向困难低头”。

这两位从解放战争一路征战的老兵，李玉安荣立战功十次，井玉琢荣立战功十一次。

翻开他们的履历，没有任何一项荣誉不是沉甸甸的。李玉安打四平、攻天津、过长江，立过三次大功；松骨峰战斗中，井玉琢带领八班一直坚守阵地最前沿，他所在的三连因为毙伤敌五百多名，被志愿军总部记集体特等功，授予“攻守兼备”锦旗一面、“英雄部队”光荣称号……面对生死考验，他们是无畏的英雄；面对名利得失，他们心中都只有一个参照坐标——牺牲的战友。

李玉安的大儿子在学校念书，听到邻居家的同学讲《谁是最可爱的人》，其中提到了“李玉安”，便跑回家问这是不是爸爸。李玉安听了心里直扑通，让邻居家小孩找来课文念给他听。孩子一念“王金传”，对，是我们连的；又念“邢玉堂”，他是抱着敌人一起烧死的；“赵锡杰”，那是一排长，是我的入党介绍人。

孩子仰脸问：“那这个李玉安是你吗？”

李玉安想了一想，说：“不是我，天下重名的太多了。”

单位有人知道了这事，都来劝他：“如果真是你的话，就该去部队找找，瞧你一个月四五十块钱养着七八口人，多不容易啊！”

李玉安三十岁才结婚，前后生了三男三女，生活确实艰难，孩子们也来劝他去找部队，他被劝得不耐烦了，大声说：“国家那么大，牺牲的烈士千千万万，都要去找，国家哪里招架得了？”

四十年隐功埋名的考验，不亚于松骨峰那场浴血厮杀的战斗。漫长的岁月里，李玉安在平凡的岗位上任劳任怨，几乎年年都是粮库的先进工作者。他负责管一台十五吨位的地秤，这是粮库最有实权的岗位，每年有上亿斤的粮食从他这里称量。一秤托两头，农民和国家哪头也不能亏着，这个信条李玉安坚守了二十年。一九八〇年李玉安退休时，粮库党支部书记只用了一句话给他做了总结：“这二十年，他称粮，千家万户的老百姓用良心和眼睛称了他。”

小儿子十六岁就想当兵，一连四年应征都没走成，天天缠着李玉安闹。他心想当兵也不是什么坏事，这才下定决心来找老部队。李玉安作为松骨峰战斗中“复活的烈士”，这才重新出现在人们面前。

老作家魏巍知道后，惊喜不已，急切地把李玉安请到北京，两位老人见面后潸然泪下，彻夜长谈。

临别时，魏巍把自己的小说《东方》和一本散文集送给李玉安，并在书的扉页上写道：“赠送给松骨峰战斗光荣的参加者李玉安同志，您永远是最可爱的人。”

曾陪同李玉安赴京的工作人员杨雪冬回忆，得知李玉安一家八口人，每月仅靠他五十多元工资度日时，魏巍很难过，专门提笔给地方政府写了一封信，希望给予英雄适当照顾。

李玉安感谢老战友的好意，但他觉得“这个手咱不能伸”，也不允许子女向组织伸手。这封信他带回家就锁进了抽屉，只当是战友的一片好意。李玉安长子李广义说，父亲不止一次告诉他们，全连一百多人就剩他一个，活着就得像个战士，这才能对得起牺牲的战友。

一九九七年，老英雄李玉安病逝。辞世前，李玉安留下了三条遗言：镇上还有三条路没修完，大家一定要齐心完成；荣誉属于战友们，军功章和证书交给组织；我死后，请给魏巍这些老战友打个招呼。

而紧随李玉安之后，一直伤病缠身的井玉琢也于一九九八年辞世了。

八年前，随着李玉安偶然被发现，很快井玉琢也被“带”出来了，两位“活烈士”重现人间，一石激起了千层浪。两位“死”别四十年的战友，终于在有生之年重新相聚。在新华社黑龙江分社的院子里，他们彼此一眼就认出了对方，两双紧紧握在一起的手，见证了跨越时空的生死战友情。

虽然“出了名”，但井玉琢和李玉安一样，凡事都靠自己，从没打算拿自己的战功向党和人民伸手讨要半点好处。面对许多人不解的眼光，井玉琢这样回答：魏巍的文章记下了我的名字，可参加抗美援朝有多少人，被记下名字的才几个？和烈士们相比，我哪一点可以讲功？

那就让我们再一次记下这些名字吧——

张富清，一九五五年退役转业，深藏功名六十多年；

柴云振，一九五二年复员回乡，深藏功名三十三年；

李玉安，一九五二年转业地方，深藏功名三十八年；

井玉琢，一九五二年复员回乡，深藏功名三十八年；

……

是的，就让我们一起记住吧，记住在抗美援朝战场上，那一个个风餐露宿的夜晚，那一回回跃出战壕的冲锋，中国军人心里那团永远炽热的火焰，燃烧着英勇的青春，温暖着远方的家园……

后 记

暮色灯影中，一位霜染白发的老人，用紧握过钢枪的手，紧紧拄着双拐支撑起身体，奋力向上跨越一级级台阶，就像战士攀缘在铁索桥上，就像一次坚定无声的突击……

仰望着老人坚韧沉默的身影，我仿佛看到英雄老去、岁月无情，看到烈士暮年、壮心不已，看到从不畏惧、永不低头的军人傲骨……

守望老人远去，我的热泪终于奔流而下。

那是二〇一〇年深秋的一天，我采访完毕，最后一次送柴云振老人回家时的情形。那时老人刚刚意外摔伤，行走艰难，然而英雄卸甲，军人气概却从未褪去。他坚决拒绝任何人帮忙，即使家住在四楼，他也拒绝了我的搀扶，坚持自己拄着拐一步步挪回家。

这就是柴云振老人鲜明的性格缩影：无论遇到多大的艰难困苦，都尽量自己挺身坚持，绝不轻易麻烦别人，更不会麻烦政府和国家。

老英雄身上的这种特质，几十年来从未褪色，而是慎终如始，不改初心。

在人民军队的行列里，从渡江战役冲锋在前，到朝鲜战场舍生忘死；从当警卫战士的严谨细致，到当突击队员的英勇无畏，柴云振把每一个战位都变成了榜样标杆。复员回乡后，他当公社、大队直至生产小队的记分员，曾有过当干部“五上五下”的曲折经历，但他在每个岗位上都像一名忠诚质朴的战士，竭力尽心、敢于担当地干好每一份本职工作。

英雄事迹，惊天动地；家国情怀，感人至深。我在采访柴云振老人的过程中，最深切的感受就是他身上体现的军人本色、老兵情怀。无论战争年代还是和平时期，他都保持着“千磨万击还坚劲，任尔东西南北风”的忠诚、执着、朴实的鲜明品格。正是这种坚忍执着的英雄个性，让他在逆境之中自强坚守，在顺境之时也从不居功自傲。

采访中我还了解到几个小故事，补记于此，读者可对柴老的心胸境界窥豹一斑。

本书中提到的那位区委何书记，在极左时期曾经一再给柴云振“穿小鞋”，换了别人，就是记恨一辈子也很正常。但柴云振后来被部队重新找到后，作为功劳赫赫的战斗英雄在全国出名了，影响巨大。而那位何书记早已下台，威风不再，此时一个人病痛交加，形单影只躺在医院里。柴云振不但没有记一点仇，反而主动登门看望。何书记握着他的手，羞愧交加，对过去加诸柴云振的错误处理悔意不迭。柴云振大度地说：一切都过去了，我们都要往前看，你也莫挂心上了，你那时也是跟着大形势走嘛！

花开花落，云卷云舒；去留无意，宠辱不惊。这就是一位老兵的胸襟与格局。不只是对何书记，柴云振对那些在历次运动中整过他的人，他都一风吹掉，不记旧怨，一样关心他们的生活，协助解决他们的困难，从未拿功臣的身份谋一己私利。

相反，对于涉及群众利益的事情，柴云振却爱多管“闲事”。为了修好乡村公路，他摇着轮椅反复去找县里领导，直到建成通车；为了修缮烈士陵园，他不断呼吁、再三提出方案，直到现状改观；即便看到一些不懂事的小青年在县城街头打群架，他也要去制止教育一番，后来这些小年轻一看到他都唯恐躲之不及：“那可是刀头舔过血的大英雄，咱可不敢惹！”

随着采访的一步步深入，我才知道柴云振许多鲜为人知的故事：比如他在国共两党军队里的不同遭遇，比如他在人民军队里日新月异的淬火成长，比如他在复员回乡后的曲折经历……这些都更加激起我对一个问题的关注兴趣：从一九四八年底加入人民解放军算起，柴云振满打满算在人民军队服役也就四五年时间，然而到底是一种怎样神奇的力量，让这位老兵终其一生都保持着永不褪色的军人品格？

因此，我决心不仅要表现柴云振在朝鲜战场上的战斗经历，还要深入还原一名志愿军老兵的人生历程。随着十年漫长的采访和研究，随着对柴云振相关事件和人物的挖掘，我发现这绝不是一个孤立偶然的英雄故事，而是一代军人的英雄群像，是一支军队百炼成钢的精神史诗。

我一向认为，历史作家应该如同冷静孤寂的剧场里，最后那位泪流满面的看客，目睹江山兴亡、人来人往之余，他的笔游走于古今中西之间，时而游园惊梦，时而抚剑长歌，恨则深入骨髓，爱则眼含泪水，必须满带内心情感的丰厚与真诚，对当下怀有执着而敏锐的探索精神。

十年前，我在写作长篇历史散文《天朝向左，世界向右——近代中西交锋的十字路口》一书时，就曾经系统研究过比较史学。比较史学是历史学的一门新兴分支学科，它力图从历史的异同现象中去考察、揭示科学的规律。马克思就很重视历史比较研究的运用，他说："要了解一个限定的历史时期，必须跳出它的局限，把它与其他历史时期相比较。"

今天随着研究资料的丰富完善，我认为抗美援朝战争史的当代写作，运用比较史学的研究方法正当其时。中国古人有句老话："人同此心，心同此理。"从传播学的角度看，文艺作品也是一场跨阶层、跨文化的对话。这种跨文化传播的双向互动性，客观上要求传、受双方在价值观、文化心理和个人情感诸多方面寻求最大交集，努力发掘人类共享的"共同价值"。

因此，本书虽然着力描写的只是一位普通志愿军老兵柴云振，但围绕他的人生阅历、战斗历程、心路成长，我使用了比较史学中最重要的两种研究方法：横向比较、纵向比较。

横向比较，是指通过空间转换进行的比较研究。如果只是孤立地研究抗美援朝战争，就很难准确地把握这场战争的历史根源和精神成果。横向比较则能在更广阔的视野下得出更深刻的结论。抗美援朝战争，是一场大规模的国际性局部战争，双方投入战场的兵力最高达三百多万人，柴云振只是那场浩大战争中的一位普通士兵。但围绕柴云振参加抗美援朝战争的前因后果，我研究、参考了美国、韩国、日本等多国作家和学者的创作成果，在本书中尽量通过横看中西、对比研究，努力寻找"真相背后的真相"，把一位中国士兵的战争感悟呈现在世界视野之下，给今天的人们打开一个新的思想空间，提供一种新的读史理念。

纵向比较，是指依照时间先后顺序，对不同历史时期、不同历史阶段的不同历史现象进行比较研究。这种研究方法可使我们获得对历史系统深入的认识，揭示历史进程的本质运动规律。柴云振老人对国共两党军队有着截然不同的认识，他的切身感受既是人生经验的深刻总结，也是人民军队克敌制胜的深层密码。同时，通过对他一生在解放军中的成长、在朝鲜战场的经历、复员回乡后的磨炼这三个不同阶段的纵向对比，集中展示了他一生不变的初心信仰。由此再推而广之，柴云振的故事并不是一个孤立的传奇，书中讲到的张富清、李玉安、井玉琢、张国富……这些深藏功名的英雄模范，在历史纵向上构成了一个完整链条，展示了这支军队无名英雄、无私奉献、无上光荣的精神图谱。

优秀的历史创作是对人生和生活的深刻理解与把握，不应该担心传达复杂深邃的矛盾情感，有时甚至越复杂、越矛盾，越能呈现这个世界的“多棱镜”色彩，越能引领读者进行深入思考的探险旅程。在这个审美过程中，读者也充分领略到阅读带来的思考快感。历史讲述已经发生的事情，文学则讲述可能发生的事情，把能够找到结论的问题交给学术，把无法找到结论的问题交给文学，这才构成了历史非虚构文学的整体魅力。在本书创作中，我一直试图远远避开熙熙攘攘的康庄大道，默默穿行在那些人迹罕至的蛮荒荆棘之地，去书写充满同情、真情、温情的人物，去书写具有史识、史鉴、史胆的作品。只有当作家拥有照射到“历史暗角”的光线，作品才能让读者内心触动，欲言又止；这样的作家才能和他的读者一起经历天人交战的精神穿越。无论关山万重，他们都心有灵犀，感同身受。

最后，我要真诚地感谢浙江教育出版社的周俊总编辑，本书能够及时创作出版，很大程度上得益于他的果断决策、及时跟进和有力协调。浙江教育出版社对于国防和军事题材作品的关注重视，令作为军队作家的我深为感动。由于创作出版时间较为紧张，责任编辑郑瑜不舍昼夜连续奋战，认真核实有关党史军史，在编校方面付出了不少心血努力，在此深表谢意。

本书创作过程中，军事科学院军队政治工作研究院党史军史研究中心原主任郭志刚研究员对有关抗美援朝战争史进行了指导，国防大学军事文化学院文艺创演系文学创作教研室原主任张志强大校提出了中肯审校意见，空降兵军的刘圣德同志校阅了相关军史内容，著名文史作家冯俊龙先生提供了诸多资料协助，谨致真诚谢意！

由于时间较为匆促，本书不足之处难免，请专家和读者批评指正，以期进一步完善修改。

王龙

2020年10月于北京

附　录

朴达峰阻击战

石峰　郭振文

（1951年7月23日《人民日报》）

朴达峰在金化西南六十多里，山势陡峭，林木茂密，是敌人冒险进犯金化必经之地。中国人民志愿军某营的英雄们从五月三十日到六月四日的六天六夜中，曾经在这里击退了美国侵略军步兵第二十五师的四十多次进攻，并且以极少的伤亡歼灭了一千三百四十多名敌人，击伤敌机两架，击毁敌人坦克一辆。

美国侵略军第二十五师的两个连，虽在五月二十八日就到了朴达峰的山脚下，却畏首畏尾，不敢前进。他们在二十九日对朴达峰进行了试探性的轰击，到三十日拂晓才在猛烈的炮火和飞机、坦克的掩护下，开始向朴达峰进犯，但马上就遇到了志愿军勇士们的坚强阻击。

勇士们沉着地守卫在筑有强固工事的阵地上，待机打击敌人。当敌人的一个尖兵排进到离工事只有三十公尺的时候，一声号响，几十个志愿军战士一齐从工事里冲出去，成排的手榴弹掷向敌人，几十把刺刀接着就逼近了敌人的胸膛。敌人的尖兵排迅速被消灭了。接着敌人步兵在军官的督战下又连续发动了四次攻击，然而每一次都被英勇的志愿军战士们粉碎了。

在作战中，藏在工事里的志愿军步兵们集中所有火力向着坦克后面的三百多个敌人猛烈射击，并且自动给后边的炮兵指点目标。敌人最前边的一辆坦克被炮弹打得烧起来，其余的五辆坦克回头就跑。敌人的步兵失去了坦克的掩护，被志愿军的集中火力打得抬不起头来。这一天勇士们一共打死了一百五十多个敌人；而自己只有一个人牺牲，两个人负了轻伤。第二天敌人虽然又组织了八次攻击，但都和前一天一样失败了。

阻击战的第三天，敌人妄想依靠更猛烈的炮火来夺取志愿军的阵地。他们从清晨三时起，集中了各种口径的炮，在飞机配合下连续进行了九小时的轰击。密集的炮弹和炸弹倾泻到只有两里多长的朴达峰的山脊上。但无畏的志愿军勇士们英勇不屈地坚守着阵地，在硝烟烈火中打退了敌人许多次冲锋。当敌人分成三路又猛攻上来的时候，七连连长共产党员郭新年，虽然下颚被炸掉了一半，昏迷了多次，还竭力振作起来继续指挥战斗，并且对迫近的敌人投掷了三十多颗手榴弹，以致他的右手手指上缠满了手榴弹的拉火弦。副指导员刘汉也不顾自己肩上头上的重伤，继续向敌人打了七颗手榴弹。他在英勇牺牲前的一分钟，还向战友们喊着“保卫祖国，解放朝鲜，保卫世界和平……。”十九岁的苗族战士刘兴文激动得流着眼泪，也高声地喊道：“保卫祖国就是保卫毛主席，就是保卫全国人民，就是保卫我们苗家！”他狠狠地抱起一箱手榴弹，跑到正在扫射敌人的机枪射手梁和庭跟前。这时梁和庭突然负伤，敌人趁机猛扑上来，刘兴文就猛抛手榴弹，烟尘起处，敌人纷纷倒地。负了重伤苏醒过来的弹药手赵金平，看见刘兴文的勇敢行为，忘掉了自己的伤，抓住机枪朝敌人猛打。刘兴文就爬在他的近旁指点射击目标。他们正在把敌人成堆地击倒的时候，一颗子弹飞来，赵金平的右胳膊又负了伤，但他忍住了第二次负伤的痛苦，用流血的右手继续打击敌人。赵金平每打完一梭机枪子弹，刘兴文就连续地抛手榴弹，掩护赵金平上子弹。他们两人轮番从中午一直坚持到天黑，打退了敌人十一次冲锋。敌人死伤重大，光是遗弃的尸体就有五十多具。

最后两天，连吃败仗的敌人指挥官变得更疯狂了。他们集中了一个战地所能集中的所有飞机大炮和坦克，用尽了一切攻击办法，暴躁地赶着被打得胆战心惊的士兵向着没有路的山梁进攻。志愿军的勇士们就迎头予以反击。共产党员柴云振带着全班战士猛冲出去，用冲锋枪打出了一条反击道路，直达敌人阵地，很快打掉了敌人营指挥所的两个地堡，敌人的营长被打死在地堡里。失去了指挥的敌人乱成一团。侥幸活着的敌人将枪丢在地上，双手抱头，大声哭叫，滚着爬着地向后逃跑。这时另一个敌人军官正把准备用作第二次攻击的士兵驱赶上来，他们和那些往后跑的正好碰上，于是敌人就全部拥塞在一道山沟里，像蛆虫一样地乱成一团。志愿军勇士们这时在“出劲打呀，为牺牲同志报仇！”的口号下，集中了山头上各种火力，一齐向着这批溃乱的敌人猛烈扫射。柴云振的冲锋枪打坏了，立刻拾起敌人的卡宾枪来扫射，子弹打完了就向敌人抛手榴弹，只他一个人就打死打伤了近一百个敌人。在志愿军勇士们这样英勇打击下，敌人全部崩溃了，像野兽见到猎人一样惊慌地逃离了这座雄伟的朴达峰。

整整六天六夜，志愿军这个英雄营的勇士们，完成了战斗任务，创造了歼敌一千三百四十多名的光辉战绩。

参考文献

［1］秦基伟. 本色：秦基伟战争日记［M］. 北京：新华出版社，2013.

［2］秦基伟. 秦基伟回忆录［M］. 北京：解放军出版社，2007.

［3］温铁汉，于乾坤. 寻找英雄［M］. 北京：长征出版社，2001.

［4］刘邦琨. 传奇英雄柴云振［J］. 文史春秋，2004，1：6-10.

［5］军事科学院军事历史研究所. 抗美援朝战争史（修订版）（上、下卷）［M］. 北京：军事科学出版社，2000.

［6］马修・邦克・李奇微. 李奇微回忆录——北纬三十八度线［M］. 王宇欣，译. 北京：新华出版社，2013.

［7］聂昭华，李韧. 上甘岭：攻不破的东方壁垒［M］. 成都：四川人民出版社，2018.

［8］郑时文. 我心有歌—— 一个学生兵的朝鲜战场亲历记［M］. 北京：世界知识出版社，2007.

［9］傅崇碧. 傅崇碧回忆录［M］. 北京：中共党史出版社，1999.

［10］赵建利，梁育红. 烽火“三八线”—— 第五次战

役战事报告［M］. 北京：军事科学出版社，2007.

［11］宋新安. 建功立业为人民［M］. 武汉：武汉出版社，1992.

［12］军事科学院军事历史研究所. 中国人民解放军军史［M］. 北京：军事科学出版社，2010.

［13］白善烨，金勇. 最寒冷的冬天Ⅱ：一位韩国上将亲历的朝鲜战争［M］. 重庆：重庆出版社，2013.

［14］罗学蓬. 中国人眼中的朝鲜战争［M］. 重庆：重庆出版社，2018.

［15］中共中央党史研究室. 中国共产党的九十年［M］. 北京：中共党史出版社，党建读物出版社. 2016.

［16］金青禾，李强等. 埋名英雄柴云振［M］. 成都：电子科技大学出版社，1994.

［17］政协广安市委员会学习文史委员会，政协广安市广安区委员会学习文史委员会. 怀念您——永远的小平. 广安，2014.

［18］从胜利走向胜利. 纪录片，2017.

［19］空降兵第十五军军史编辑委员会. 中国人民解放军第十五军军史附件之二：资料选编，1990.

图书在版编目（CIP）数据

迟到的勋章 / 王龙著. -- 杭州 : 浙江教育出版社, 2020.12（2021.7重印）
ISBN 978-7-5722-1134-8

Ⅰ. ①迟… Ⅱ. ①王… Ⅲ. ①纪实文学－中国－当代 Ⅳ. ①I25

中国版本图书馆CIP数据核字(2020)第249308号

项目策划 周 俊
责任编辑 郑 瑜
封面设计 顾 页
责任校对 余晓克 戴正泉
责任印务 沈久凌

迟到的勋章
CHI DAO DE XUN ZHANG
王 龙 著

出版发行 浙江教育出版社
（杭州市天目山路40号 电话:0571-85170300-80928）
排 版 杭州兴邦电子印务有限公司
印 刷 浙江海虹彩色印务有限公司
开 本 710mm×1000mm 1/16
印 张 20
字 数 220 000
版 次 2020年12月第1版
印 次 2021年7月第3次印刷
标准书号 ISBN 978-7-5722-1134-8
定 价 69.00元

如发现印、装质量问题,请与承印厂联系。
电话:0571-85095376